# 스토리테크
# 전쟁

# Story Tech Wars

기술과 데이터가 촉발한 콘텐츠 비즈니스의 거대한 진화

# 스토리테크 전쟁

류현정 지음

리더스북

## 추천의 글

최고의 기술 기업들은 스토리를 무기 삼아 미래를 쟁취하고 있다. 이 책은 20년간 급변하는 IT 산업의 최전선에서 혁신과 변화를 취재해온 베테랑 기자가 예리한 분석과 선견력으로 사활을 건 스토리 비즈니스 전쟁에서 각 기업의 전략을 생생하게 파헤친 역작이다! AI 시대에 승자가 되려는 모든 이들을 위한 최고의 경영 참고서이자 필독서다.

**— 이호수(전 SK텔레콤 사장, 『넷플릭스 인사이트』 저자)**

대항해시대 이후 500년 만에 '데이터 대항해시대'가 열렸다. 새로운 패권자는 튼튼한 배를 가진 하드파워의 강자가 아니라 상상을 혁신으로 만드는 소프트파워 게임의 승자다. 이 책은 보이지도 만질 수도 없으나 더 강한 힘을 발휘하는 ICT의 변화를 추적해온 베테랑 기자만이 가능한 정교한 분석과 스토리 텔링의 집합체다. 새롭게 재편되는 콘텐츠 비즈니스의 미래를 미리 당겨보고 싶은 자에게 일독을 권한다.

**–윤종록(카이스트 과학기술정책대학원 겸임교수, 전 미래창조과학부 차관)**

급변하는 사회에서 가장 중요한 능력 중 하나는 '언러닝unlearning(기존에 학습한 것을 버리는 것)'이다. 스토리 제작과 유통의 상식부터 '딜리트delete'해야 비로소 새 미래를 열 수 있다. 저자는 기존 레거시 미디어 종사자가 볼 수 없는 새로운 디지털 통찰을 제공해준다. AI 시대, 기존 상식을 뒤엎고 스토리 제작 및 비즈니스 환경을 전망하고 싶다면 이 책부터 읽을 것을 권한다.

**–김유열(EBS 사장)**

전통 할리우드 플레이어에 빅 테크 기업, 그리고 K 콘텐츠, TV 제조 및 셋톱박스 업체까지 뛰어들어 그야말로 세계 최대 종합격투기의 장으로 변한 스토리 비즈니스 전쟁터의 모습을 서술해냈다. 특히 저자는 종군기자처럼 이 전쟁의 현장을 직접 발로 뛰어 생생하게 담아냈다. 객관성은 유지한 채 각 진영과 기업의 전략과 실행, 향후 이슈까지 총망라한 흥미진진한 책이다. 과연 이 전쟁에서 승자와 패자는 누가 될 것인가? K 스토리는 이 가운데서 차별화된 경쟁력을 확대할 수 있을까? 향후 새로운 게임 체인저가 될 요소는 무엇인가? 이 모든 궁금증에 대한 실마리를 보여준다.

**―신수정(KT 엔터프라이즈 부문장, 『거인의 리더십』 저자)**

IT 전문 기자의 시각으로 콘텐츠 산업의 현재를 재미있고 통찰력 있게 분석한 책이다. 콘텐츠 산업은 지식재산권인 '스토리'를 중심으로 재편되고 있다. 스토리 산업을 화두로 콘텐츠 기업과 테크 기업의 혁신과 변화, 합종연횡 등을 쉽고 박진감 있게 보여준다. 콘텐츠 산업의 오늘과 내일, 기술과 데이터가 결합되면서 진화하는 구조에 대해 알고 싶다면 읽어볼 가치가 충분하다.

**―조현래(한국콘텐츠진흥원 원장)**

콘텐츠 시장은 지금 유례없는 변화를 겪고 있다. 과거엔 콘텐츠 기업과 기술 기업이 멀찍이 거리를 두며 협업하는 구도였으나 이젠 업계간 구분이 의미가 없다. 게다가 국경과 문화, 언어 장벽도 많이 낮아졌고 점차 더 낮아질 전망이다. 콘텐츠를 보는 프레임이 완전히 바뀌어야 할 때가 왔다. 이렇게 변화가 큰 시기에는 아는 만큼 기회가 보인다. 이 거대한 변화를 자신의 기회로 만들고픈 사람에게 일독을 권한다.

**—배기식**(리디 대표)

기술이 가져온 글로벌 크로스 미디어 현상의 실체를 가장 명료하게 설명한 책이다. 이 책의 주장대로 스토리와 테크는 분리될 수 없다는 점을 세계 비즈니스 현장에서 매번 확인하고 있다. K 기업이 주도하는 스토리 제작 생태계의 높은 잠재력에 주목하고 강점과 보완점까지 가감 없이 기술한 점도 돋보인다.

**—채선주**(네이버 ESG/대외정책 대표)

기술이 스토리 산업의 판도를 바꾸면서 콘텐츠 사업의 룰이 격변하고 있다. 기술의 발전이 그동안 불가능하던 일들을 가능하게 만들었고, 그 속도와 깊이가 예상을 뛰어넘고 있기 때문이다. 저자는 좋은 질문을 통해 동일한 현상에서도 다양한 관점을 끌어내는 데 집요했고 그런 태도가 늘 주변에 좋은 자극이 되었다. 저자의 끈질긴 탐구력과 다양한 통찰이 좋은 책으로 묶여 더 많은 독자들을 만날 수 있게 되어 기쁘다.

**—이기영**(비마이프렌즈 대표)

# 차례

## CHAPTER 3

# 스트리밍 3년 전쟁의 승자

### 넷플릭스, 기술 위에 쌓아올린 스토리 제국의 전략



## CHAPTER 4

# '광고 블랙홀' 알고리즘 공장의 출현

### 유튜브와 틱톡, 고객의 시간을 빼앗는 독보적 전술

CHAPTER 5

## 스토리로 수익을 내지 않는 기업들

### 애플, 아마존, 쿠팡은 계산법이 다르다



CHAPTER 6

## 게임 체인저 K 스토리 모델의 등장

### 기술과 데이터로 무장한 K 콘텐츠의 저력

프롤로그

# 만인에 대한 만인의 스토리 전쟁이 시작되다

영어 '스토리story'의 어원이 재미있는데, '벽에 써놓은 이야기'라는 뜻의 라틴어 '스토레이storey'에서 유래되었다고 한다. 고대 로마인은 국가의 중대 소식을 벽에 써놓았고 중세 유럽인도 건물 층마다 또는 마룻바닥에 그림을 그리거나 전설을 새겨놓았다. 'story'가 건물의 '층層'이라는 뜻으로도 쓰이는 이유다.

우리는 '호모 나랜스Homo Narrans(이야기하는 인간)'다. 많은 언어학자, 사회과학자, 작가, 비평가, 철학자가 주장한 것처럼 스토리 텔링story telling은 인간의 아주 기본적인 특성이다. 인간은 글, 영상, 음악, 미술 등 각종 스토리 텔링 수단을 이용해 이야기하는 것을 멈추지 않았다. 대화형 인공지능AI 챗GPT의 할루시네이션hallucination[•]을 두고 "원래 인간이 '할루시네이션하는 종족'"이라고 논평하며 챗GPT를 옹호하는 사람도 제법 많다.

인간은 다른 이의 스토리를 잘 듣기도 한다. 굳이 이야기를 들으려는 호모 나랜스의 특징을 두고 스웨덴 작가 헨닝 망켈Henning Mankell은 "다른 사람의 꿈, 두려움, 기쁨, 슬픔, 욕망, 패배에 귀를 기울일 수 있다는 점이야말로 우리가 동물과 다른 점"이라고 했다.[••]

문제는 오늘날 스토리가 '수도꼭지에서 수돗물이 나오듯' 여기저기에서 쏟아지고 있다는 점이다. 정보만 홍수인 시대가 아니다. 사건, 인물, 대화, 행동 등을 연결해 구조화한 메시지인 스토리도 다양한 매체를 통해 봇물처럼 터져 나오고 있다. 스토리 생산자로서도, 스토리 소비자로서도 나는 매일매일 '만인에 대한 만인의 스토리 투쟁' 현장의 한가운데 있는 듯한 느낌이다. 내가 만든 스토리를 읽어주는 사람이 있을까? 오늘 새롭게 발간된 수많은 스토리 중 나는 어떤 것을 골라

• 챗GPT 등 인공지능이 사실이 아닌 허황된 내용을 마치 사실인 양 출력하는 현상.

•• Henning Mankell, 「The Art of Listening」, *The New York Times*, 2011. 12. 10.

읽고 봐야 할까?

현대 스토리 비즈니스 환경은 입이 딱 벌어질 정도로 복잡하다. 월트 디즈니 컴퍼니The Walt Disney Company, 워너 브러더스 디스커버리Warner Bros. Discovery, 파라마운트 글로벌Paramount Global 등 역사와 전통을 자랑하는 할리우드 스튜디오, K 드라마의 빛나는 역사를 써온 CJ ENM과 스튜디오드래곤 등을 넘어 연간 수십조 원씩 드라마 제작에 쏟아붓는 넷플릭스Netflix, 시간당 수만 시간 분량의 새 영상이 올라오는 유튜브Youtube와 숏폼으로 다른 소셜 미디어 서비스들을 '올킬' 중인 틱톡Tiktok 등이 국경을 넘나들며 맹활약 중이다. 한국의 네이버, 카카오, 리디는 웹툰과 웹소설이라는 디지털 스토리 텔링 시장을 창출했고 이제 세계로 뻗어나가고 있다. 이게 끝이 아니다. 물건을 팔고 배달해주는 아마존Amazon과 쿠팡, 스마트폰과 TV를 만드는 애플Apple과 삼성전자, LG전자, 로쿠Roku 등 제조 기업까지 스토리 비즈니스에 뛰어든 형국이다.

비유하자면, 복싱 선수 플로이드 메이웨더와 종합 격투기 선수 코너 맥그리거, 호주의 수영 황제 마이클 펠프스, 여자 기계체조 선수 시몬 바일스 등이 한 운동장에서 겨돌하는 격이다. 그 운동장이 바로 독자와 시청자의 '주목attention'이라는 그라운드다. 체급과 주 종목이 다른 선수들이 주목받기 위해

서로 경쟁하는 통에 전 세계 미디어 경영자들도 골머리를 앓고 있다.

무엇보다 세계 최고의 기술 기업이 일제히 스토리 비즈니스 전쟁에 참전하고 있다. 이것은 현대 기술 회사가 이른바 '플랫폼platform• 기업'이라는 점과 관련 있다. 구글과 네이버는 검색으로, 애플은 하드웨어와 앱스토어로, 아마존과 쿠팡은 전자 상거래 사이트로, 유튜브, 틱톡은 동영상으로 사용자(고객) 접점을 만들고 비즈니스 가치를 창출하는 플랫폼 기업이다. 삼성전자와 LG전자처럼 플랫폼 회사가 아니었던 회사도 플랫폼 기업으로 변신하려고 한다.

## 경쟁의 핵심은 '어텐션', 시간 장악이다

플랫폼 기업의 최대 관심사는 사용자 모집(모객)과 사용자의 체류 시간 확대다. 모객과 체류 시간 확대를 고민하다 보면

• 정보산업 혁명 이후 플랫폼이라는 말이 곳곳에서 쓰인다. 좁은 정의로는 많은 사람이 모이는 온라인 공간이라는 뜻이다. 사람들이 콘텐츠를 보기 위해 모이는 온라인 공간은 콘텐츠 플랫폼이다. 크리에이터가 모이는 온라인 공간은 크리에이터 플랫폼이다. 커머스 플랫폼은 상품 판매자가 모이는 온라인 공간이다. 넓게 정의하면 접점을 만들어내는 기반이나 구조를 말한다.

스토리 비즈니스에 당도하게 돼 있다. 스토리야말로 가장 강력한 '어텐션 도구'이고 어텐션은 곧 돈이다. 어텐션은 제품 판매나 광고 비즈니스로 이어진다.

불꽃 튀는 스토리 비즈니스 경쟁 덕에 현대인은 스토리를 보고 읽을 시간이 없다고 호소하는 지경에 이르렀다. 일본의 칼럼니스트 이나다 도요시稲田豊史가 쓴 책 『영화를 빨리 감기로 보는 사람들』은 압축, 배속, 건너뛰기로 영화를 시청하는 풍속도를 파헤치고 있다. 현대인은 영상을 '작품'이 아니라 '콘텐츠(내용물)'로 바라보며 '감상'하기보다 '소비'하고 해치우는 대상으로 본다는 것이다. 스토리 소비자 입장에서 '빨리 감기'는 타임 퍼포먼스(시간 대비 가성비) 전략이며 스토리 공급 과잉 시대에 살아남기 위한 생존 비법인 셈이다.

이제 호모 나랜스의 시간은 가장 희귀한 자원이 되었다. 실로 많은 스토리 제작·유통 기업이 호모 나랜스의 시간을 할당받기 위해 하루하루, 아니 매분 매초 전쟁을 치르고 있다. 넷플릭스 창립자 겸 의장 리드 헤이스팅스Reed Hastings도 "스냅챗, 유튜브, 수면 등도 우리의 경쟁자"라고 말했다. 세상이 연결되고 미디어가 발달하면서 비슷한 현상이 개인 차원에서도 벌어지고 있다. 당신이 일간신문사 기자든, 남다른 끼를 자랑하는 유튜버든, 연구 개발 자금을 따내야 하는 과학자든 한 줌의 주목을 받기 위해 여름밤의 매미처럼 목놓아 운다.

이 책은 '현대 스토리 비즈니스 전쟁의 승자와 패자는 누구인가?', '이 판을 어떻게 읽어야 하며 이 판을 바꾸는 새로운 변수는 무엇인가?'라는 물음에서 출발했다. 짧게 보면 격동기였던 팬데믹 발발 이후 최근 3년, 길게 보면 취재 생활 20년 동안 스토리 비즈니스를 좌지우지하는 주요 플레이어를 만나고 관찰한 내용을 정리한 보고서다. 그리고 이 보고서는 인공지능이 출현한 이후의 호모 나랜스를 탐구하는 새 여정의 첫 페이지이기도 하다.

# 1 CHAPTER

# 스토리 산업의 권력 대이동

## 실리콘밸리와 판교가 스토리를 파는 시대

글로벌 테크 기업들이 일제히 스토리 비즈니스 전쟁에 참전하고 있다.
기술과 데이터로 무장한 이들의 공세에 위기를 맞은 할리우드 모델의 대응 전략은 무엇인가? 새롭게 급부상한 K 모델은 이 판도를 어떻게 바꿀 것인가?
거대한 지각변동 속에 콘텐츠 산업의 질서는 새롭게 재편되고 있다.

# 할리우드를 위협하는 실리콘밸리와 판교

2021년 6월 할리우드에서 충격적인 소식이 전해졌다. 영화 스튜디오 앰블린 파트너스Amblin Partners가 세계 최대 온라인 영화·드라마 서비스(스트리밍streaming* 서비스 또는 OTTOver The Top**)업체인 넷플릭스와 영화 제작 계약을 체결한 것이다. 앰블린 파트너스는 '할리우드의 거장' 스티븐 스필버그Steven Spielberg가 2015년에 창립한 영화 및 드라마 제작 회사로 아카데미 작품상 수상작 〈그린북Green Book〉과 골든 글로브 작품상

스필버그가 넷플릭스 전용 영화를 만든다는 소식은 할리우드를 충격에 빠뜨렸다.

을 받은 〈1917〉 등을 만들었다. 구체적인 계약 조건 등은 공개되지 않았지만, 앰블린 파트너스가 넷플릭스 전용 장편영화를 매년 제작한다는 내용이 포함된 것으로 알려졌다.

이 소식이 할리우드를 술렁이게 한 것은 스필버그가 할리

• 스트리밍이란 음악이나 동영상 파일을 컴퓨터나 휴대용 단말기에 저장하지 않고 인터넷이 연결된 상태에서 실시간으로 재생하는 것을 말한다. 넷플릭스가 원하는 영상을 실시간 재생하는 시장을 개척하고 크게 성공한 이후 아마존, 애플, 디즈니 등이 스트리밍 시장에 진출했다. 한국에선 인터넷을 통한 영상 서비스를 주로 OTT라고 한다. 미국에서는 동영상·오디오 구분 없이 인터넷을 통해 콘텐츠를 보고 듣는 것을 스트리밍이라고 한다. 이 책에서도 OTT 대신 스트리밍이라는 용어를 주로 쓴다.

우드의 대표적인 반反넷플릭스 인사였기 때문이다. 그는 극장 상영 없이 온라인으로 영화를 공개하는 넷플릭스의 개봉 방식에 지속적으로 반감을 표현해왔다. 2019년까지만 해도 스필버그는 "넷플릭스 영화는 아카데미상이 아니라 에미상Emmy Awards●●●을 받아야 한다"고 목소리를 높였다.

당시 앰블린의 대변인은 "미국 아카데미상 수상 대상에서 넷플릭스 제작 영화를 제외해야 한다는 것이 스필버그의 생각"이라고 밝히기도 했다. 전통 극장의 수호자를 자처해온 스필버그와 넷플릭스의 연대는 할리우드 스튜디오에 충격적인 소식일 수밖에 없었다.

스필버그의 변심에 CNN은 "스트리밍 서비스에서 중대한 성취이자 변화하는 할리우드의 역동성을 보여주는 신호"라고 전했다. 영화 전문 매체 《데드라인Deadline》도 "넷플릭스가 주도하는 스트리밍용 영화와 극장용 영화의 경계를 허무는 작업이 더욱 진전했다는 것을 다시 한번 보여준다"고 평

●● 직역하면 '셋톱박스top를 넘어'라는 뜻이다. 유료 방송을 볼 때 필요했던 셋톱박스에 얽매이지 않는다는 것을 강조한 말이다. 인터넷 프로토콜을 기반으로 하기 때문에 PC·스마트폰·태블릿·콘솔 게임기 등 다양한 단말기에서 영상을 즐길 수 있게 되었다.

●●● 미국 텔레비전 예술·과학 아카데미ATAS가 주관하는 텔레비전 분야 최고의 상. 1949년 1월 25일에 초대 시상식이 개최되었다.

가했다.*

한국의 판교에서도 유사한 일이 벌어졌다. 2022년 5월에는 제75회 칸 국제영화제에서 들려온 한국 영화 수상 소식에 한국 모바일 메신저 플랫폼 회사인 카카오**가 쾌재를 불렀다. 베이비박스를 소재로 한 영화 〈브로커〉의 송강호가 칸 영화제에서 한국 최초로 남우 주연상을 수상한 것이다. 〈브로커〉는 카카오엔터테인먼트가 인수한 제작사 영화사 집이 제작한 작품이다.

카카오엔터테인먼트는 2019년 〈헌트〉 제작사인 사나이픽처스와 〈군도〉, 〈공작〉 등으로 유명한 영화사 월광을 인수하며 본격적으로 영화 산업에 뛰어들었다. 2021년에는 앞서 언급한 영화사 집과 드라마 〈낭만닥터 김사부〉로 유명한 강은경 작가 중심의 창작 집단 글라인까지 인수해 '한국판 워너브러더스'를 꿈꾸고 있다.

* 넷플릭스는 이미 최정상 스태프와 작품을 만들어오고 있다. 〈블랙키시Black-ish〉의 케냐 배리스, 〈아메리칸 호러 스토리American Horror Story〉의 작가 라이언 머피, 〈그레이 아나토미Grey's Anatomy〉의 숀다 라임스, 〈왕좌의 게임Game of Thrones〉의 데이비드 베니오프와 D. B 와이스 등 뛰어난 작가, 프로듀서가 넷플릭스 작품을 만들고 있거나 만들었다.

** 카카오는 한국인이 가장 많이 사용하는 메신저 카카오톡 덕분에 재빠르게 몸집을 불려 한국의 재계 순위 15위에 안착했는데, 카카오 계열사 167개(2023년 기준) 중 하나가 카카오엔터테인먼트다.

바야흐로 실리콘밸리와 판교가 스토리를 만들고 파는 시대다. 실리콘밸리는 미국 정보 기술의 심장이고 판교는 네이버·카카오·넥슨·엔씨소프트 등 한국 IT 기업이 몰려 있는 집적지다.

기술 기업의 품에서 영화와 드라마 히트작이 탄생하고 있다. 뛰어난 감독과 PD, 작가와 유명 배우를 섭외해 작품을 만들어내는 일련의 제작 권력과 소비자 접점을 통해 스토리 흥행을 좌지우지하는 일련의 유통 권력을 실리콘밸리와 판교가 속속 접수하고 있다. 10년 전만 해도 상상하기 어려운 변화가 스토리 산업의 지형을 흔들고 있는 것이다.

## 기술 기업들의 영화가 트로피를 거머쥐다

유사한 사례는 더 있다. 2022년 3월 미국 로스앤젤레스에서 열린 제94회 아카데미 시상식의 주인공은 스트리밍 영화 최초로 작품상을 수상한 〈코다CODA〉였다. 〈코다〉는 2021년 애플의 스트리밍 서비스 애플TV+가 내놓은 영화로, 청각장애인 부모와 오빠를 둔 소녀 루디가 음악을 향한 꿈을 이뤄가는 과정을 그리고 있다.

애플의 야심작 〈코다〉는 스트리밍 영화 최초로 아카데미 작품상을 수상했다.

애플은 치열한 경쟁 끝에 독립 영화 〈코다〉의 배급권을 2,500만 달러(약 280억 원)에 사들이며 실리콘밸리 기업 최초로 아카데미의 유리 천장을 깬 회사가 되었다. 〈코다〉는 아카데미 시상식에서 작품상, 각색상, 남우 조연상 등 3개 트로피를 가져갔다. 넷플릭스는 할리우드 스튜디오들의 견제로 아직도 아카데미 작품상 트로피를 획득하지 못했다.

코로나19가 확산되면서 극장 상영이 어려웠던 시기에 열린 제94회 아카데미 시상식은 실리콘밸리 기업이 투자한 영화의 향연이었다. 넷플릭스 작품 27개, 애플TV+ 작품 6개, 아마존 작품 4개가 후보에 올랐다.

월트 디즈니 컴퍼니의 〈타미 페이의 눈The Eyes of Tammy Faye〉과 〈축제의 여름Summer of Soul〉이 각각 여우 주연상과 장편 다큐멘터리상을 받으며 할리우드의 자존심을 살렸지만, 두 작품 역시 코로나19 팬데믹 영향으로 극장이 아니라 디즈니가 운영하는 스트리밍 서비스 디즈니+에서 공개되었다.

초고속 인터넷 강국을 자처해온 한국 스토리 산업의 지각 변동은 더 빠르게 진행되고 있다. 2022년 5월에 열린 제58회 백상예술대상에서 넷플릭스 최대 흥행작 〈오징어 게임〉이 대상을 받았다. 백상예술대상 TV 부문 15개 상 중 무려 10개가 스트리밍 서비스용 콘텐츠에 주어졌다.

한편 KBS, MBC, SBS 등 지상파 방송사는 넷플릭스와 유튜브에 '원투 펀치'를 맞아 존재감이 약해지고 있고 광고 매출 또한 떨어졌다. 유능한 PD들이 회사를 떠나고 전문 작가를 구하지 못해 프로그램 제작에 난항을 겪는 사례까지 나오고 있다.

케이블 방송과 위성 방송 등 한국 유료 방송사의 사정도 악화하고 있다. 2017년 이후 유료 방송 가입자 수가 내리막을 걷고 있는데, 이를 회복할 뾰족한 방안이 없다. SK텔레콤,

KT, LG유플러스 등 통신사가 운영하는 IPTV는 초고속 인터넷 서비스와 결합 상품을 내세워 넷플릭스와 유튜브의 공세에 겨우 버티고 있다.

이처럼 스토리 비즈니스 판도의 문법은 완전히 달라지고 있다. 이 시작은 어디서부터, 무엇으로부터였을까. 핵심은 테크놀로지, 즉 기술이다.

## 권력 이동을 가져온 세 가지 기술

원래 스토리와 테크놀로지는 불가분의 관계다. 인쇄술, 영사기, 라디오, 텔레비전 등 신기술이 등장할 때마다 스토리 비즈니스의 판도 변화가 따라왔다.

구텐베르크의 인쇄술이 없었다면 34세의 신학 교수 마르틴 루터Martin Luther가 독일 비텐베르크대학교 부속 교회당 정문에 붙인 '95개 조 반박문'이 신성로마제국 전역에 퍼질 수 없었을 것이다.

1522년 9월 루터가 오장육부가 녹아내리는 고통 속에서 번역했다는 『독일어 신약성서Das Newe Testament Deutzsch』는 12번 이상 재인쇄되었고 최소 8만 6,000부가 발행되었다.

아돌프 히틀러의 나치(국가사회주의 독일 노동자당)가 집권당이 된 데는 독일의 당시 선전 장관이었던 파울 요제프 괴벨스Paul Joseph Goebbels가 큰 역할을 했다. 그는 라디오의 위력을 간파하고 '반값 라디오' 보급에 앞장섰다. 정치를 국민을 상대로 한 일종의 스토리 텔링 비즈니스라고 본다면, 당시 라디오는 오늘날 유튜브처럼 새롭게 떠오르는 미디어였다. 당시 독일 인구는 8,000만 명가량이었는데, 반값 라디오는 5년 동안 1,000만 대 이상 팔려나갔다.• 괴벨스는 반값 라디오를 내세워 수많은 히틀러 팔로어(추종자)를 모을 수 있었다.

현재 우리가 목도하는 스토리 시장의 권력 이동 역시 기술의 누적적 결과를 빼놓고 설명할 수 없을 것이다. 날마다 신기술이 쏟아지고 있지만, 현대 스토리 시장의 판도 변화를 가져온 핵심 기술은 '디지털digital', '모바일mobile', '클라우드cloud'다. 이 세 가지 기술이 스토리 비즈니스에 미친 영향은 생각보다 크고 심오하다.

• 허버트 마셜 매클루언, 김상호 역, 『미디어의 이해』, 커뮤니케이션북스, 2011.

## 디지털 : 스토리는 데이터다

이런 말이 있다. '디지털이 이겼다. 그래서 사라졌다Digital has won. So it disappears.' 디지털이 너무 당연해서 언급조차 불필요한 세상이 되었다는 뜻이다. 하지만 디지털은 스토리의 전송(유통), 스토리의 텔링(양식) 전반에 지대한 영향을 미친 근원적인 기술이며, 이 익숙한 단어에 현대 스토리 비즈니스의 많은 비밀이 숨어 있다.

영화 〈매트릭스The Matrix〉 오프닝 장면에서 푸른빛의 숫자 0과 1이 화면을 가득 채운 것을 기억할 것이다. 디지털의 어원은 손가락을 가리키는 'digitus'다. 손가락으로 하나, 둘, 셋 숫자를 세듯 디지털 기술은 세상의 정보를 0과 1로 이뤄진 숫자로 처리한다.

오늘날 텍스트, 오디오, 비디오 등이 디지털화되어 있는데, 그것은 곧 숫자로 표현된다. 디지털 세상은 모두 숫자로 이뤄져 있다. 화제를 모은 대화형 인공지능 챗GPT도 단어를 숫자로 바꾸고 각종 변수를 조정해 만든 거대한 수식이다.

현대 스토리의 특질도 디지털에서 나온다. 디지털 스토리는 원본을 아무리 복제해도 품질에 변화가 없다. 숫자를 숫자로 복제하니 정보가 손실되지 않는 것이다. 또 숫자로 이루어진 정보이기 때문에 쉽게 입력·검색·저장·전송할 수 있다. 정보의 생산과 유통 측면에서 디지털이 아날로그와 비교되지 않을 정도로 효율적인 이유다.

가공과 생산의 용이성 때문에 유튜브나 틱톡, 트위터에서 누구나 영상을 쉽게 올리고 화제의 영상이 밈Meme으로 제작되어 순식간에 퍼져나간다. 또 디지털 공간에서는 스토리 생산자와 소비자, 소비자와 소비자가 피드백을 주고받으며 서로 영향을 미치는데, '좋아요', '싫어요', '댓글' 등의 피드백 자체가 디지털 스토리 텔링을 구성하는 중요한 요소다.

그렇다면 디지털 스토리 특징 — ① 복제해도 품질에 변화가 없다 ② 입력·검색·저장·전송하기 쉽다 ③ 2차 가공이 쉽다 ④ 피드백을 주고받는다 — 은 스토리 산업에 어떤 영향을 미쳤을까.

우선 스토리 생산 비용이 낮아져 생산자 입장에서는 경쟁이 치열해졌고 전통 스토리 산업의 수익 모델이 붕괴되었다. 사람들이 필요한 부분만 검색하고 발췌해서 읽다 보니 신문 기사와 방송사 영상이 낱개로 인터넷에 돌아다닌다. 각종 스토리를 모아 편집하고 묶음 형태로 판매하며 광고로 돈을 벌어온 신문과 방송, 잡지, 라디오 등 전통 매체의 비즈니스가 도전을 받는 이유다.•

《워싱턴 포스트》를 인수한 뒤 제프 베조스가 뉴스룸에서 직원들과 이야기를 나누고 있다.

아마존 창업자 제프 베조스Jeff Bezos는 2013년 《워싱턴 포스트》를 2억 5,000만 달러(약 2,789억 원)에 인수하면서 "신문의 위기는 '언번들링unbundling'에서 비롯되었다"라고 지적했다. 미국 신문 지면 광고 시장 규모는 2005년 494억 달러(약 64조 원)로 정점을 찍은 뒤 2010년 258억 달러(약 33조 원), 2017년 103억 4,000만 달러(약 13조 원)를 기록했으며 2022년

- 종이 신문과 종이 잡지는 일 단위, 주간 단위, 월간 단위 사건 사고와 이슈를 골라 고도의 편집(지면 배치)을 통해 한번에 전달하는 매체였다. 방송과 라디오는 편성을 통해 시청 습관을 유도해 프라임 타임(방송 시간 중 시청률이 가장 높은 시간대)의 광고 상품을 높은 가격에 판매할 수 있었다.

은 예상 60억 3,000만 달러(약 7조 원) 수준으로 낮아졌다.•

디지털은 구조화한 데이터인 데이터베이스가 위력을 발휘하는 세상을 만들었다. 넷플릭스처럼 데이터베이스의 품질을 높일 줄 아는 회사가 경쟁력을 갖추게 된 것이다. 넷플릭스는 드라마의 장르, 상영 시간, 시리즈명 등 메타 정보는 물론이고 테마, 플롯 등도 꼼꼼하게 정리하고 각종 데이터를 분석해 드라마를 추천해주고 차기작 투자 방향도 결정한다.

현재 《뉴욕타임스》는 디지털 전환에 가장 성공한 미디어로 평가받지만, 2014년만 해도 자체 혁신 보고서를 통해 "우리에게는 구조화한 데이터가 없다"고 스스로를 비판했다.

> **"디지털 세상에서 우리(뉴욕타임스)의 풍부한 (기사) 아카이브가 다른 경쟁자들에게는 없는 분명한 장점 중 하나입니다. 1851년부터 우리가 보유하고 있는 기사는 1,472만 개나 됩니다. 하지만 사진 판매를 자동화하지 못하는 것도, 검색엔진에서 상위에 오르지 못하는 이유도 모두 구조화된 데이터가 없기 때문입니다."••**

• 한국언론진흥재단, 「미국 지역신문의 위기와 민주주의 시스템 유지를 위한 노력」, 《미디어정책리포트》, 2022년 6호.

•• 《뉴욕타임스》 2014년 혁신 보고서 내용 중.

디지털은 생성형 인공지능generative AI 같은 또 다른 파괴적 혁신 기술의 탄생으로 이어지고 있다. 이 영향에 대해서는 8장에서 자세히 살펴볼 것이다.

## 모바일 : 스토리는 이동이다

> "1984년 우리는 매킨토시를 내놓았습니다. 그것은 애플이 아니라 전체 컴퓨터 산업을 변화시켰습니다. 2001년 우리는 아이팟을 내놓았습니다. 그것은 음악을 듣는 방식이 아니라, 전체 음악 산업을 바꿔놓았습니다. 오늘, 우리는 전화phone를 재창조했습니다. 우리는 그것을 '아이폰iPhone'이라고 부릅니다."

2007년 1월 9일 미국 샌프란시스코에서 열린 맥월드 연단에선 스티브 잡스Steve Jobs가 청바지 주머니에서 자그마한 기기를 꺼내 들었고 행사장은 그야말로 열광의 도가니로 변했다. 그는 다음과 같이 말을 이었다.

> "스마트폰은 그다지 스마트하지 못했습니다. 우리는 스마트폰의 복잡한 버튼(자판)을 없앴습니다. 그 대신 '거대한 스크린giant screen'을 제공합니

**다. 우리는 해냈습니다. 컴퓨터에 마우스를 도입하고(1984년 매킨토시), MP3 플레이어에 클릭휠(2001년 아이팟)을 도입했던 것처럼 아이폰에는 멀티 터치를 제공합니다."**

2007년 6월 29일 출시된 애플의 스마트폰 아이폰은 통화와 메시지 전송 기능이 전부였던 휴대전화를 퍼스널 컴퓨터PC 기능과 인터넷 접속 기능까지 흡수한 정보와 엔터테인먼트의 허브로 바꿔놓았다. 바야흐로 인류는 '모바일'이라는 새로운 시대를 맞이하게 된 것이다.

모바일은 '움직이는, 움직일 수 있는'이라는 뜻의 라틴어 모빌리스móbĭlis에서 왔다. 모바일은 사람들의 스토리 소비 습관을 근본적으로 바꿔놓았는데, 고령의 신문 독자가 종이 신문이 아닌 웹과 앱으로 뉴스를 본격적으로 소비한 것도 스마트폰의 등장 때문이었다.

언제 어디서나 들고 다닐 수 있는 간편함, 터치스크린이라는 사용자 친화적인 유저 인터페이스UI 덕분에 출퇴근 지하철에서 불티나게 팔려나가던 스포츠 신문과 타블로이드 판형의 무료 신문이 한순간에 자취를 감췄고 사람들은 '손안의 PC'로 뉴스를 읽고 음악을 듣고 드라마와 예능을 보면서 울고 웃게 되었다.

2017년 미국에서 탄생한 뉴스 미디어 악시오스Axios가 잘나간 것도 모바일이 가져온 스토리 소비 변화를 제대로 포착했기 때문이다. 악시오스는 '간결함은 자신감이다. 장황함은 두려움이다'라며 짧으면서도 힘 있고 맥락을 알 수 있는 뉴스레터로 큰 인기를 모았다. '300자 간결한 뉴스'를 전했던 악시오스는 미국 통신 기업 콕스 엔터프라이즈Cox Enterprises에 5억 2,500만 달러(약 6,850억 원)에 팔렸다.

한국에서 유행 중인 웹소설은 기존 출판 소설의 장이나 절보다 짧은 회차 단위로 스토리를 전개한다. 버스에서, 지하철에서, 화장실에서 1화씩 읽기에 딱 알맞은 길이로 스토리를 풀어나가는 것이다.

미디어 사상가 마셜 매클루언Marshall McLuhan의 말대로 '미디어는 곧 메시지'다. 어떤 그릇에 담기는지에 따라 내용물도 바뀌고 또 바뀌어야 한다. 오늘날 스토리를 담는 그릇은 스마트폰이고 사람들은 이동하면서 스토리를 즐긴다.

• 유튜브 채널 〈공부왕찐천재 홍진경〉을 만든 이석로 PD는 "제 PD 인생을 통틀어 미디어의 가장 큰 변화는 사람들이 이제 스마트폰으로 영상을 소비한다는 거예요. TV도 아니고 노트북도 아니고 스마트폰이요. 소파에 기댄 채 TV를 볼 때보다 훨씬 더 몰입력 있게 손바닥만 한 디바이스로 영상을 소비해요. 그러면서 예전에는 상상도 못할 포맷의 콘텐츠가 생겼죠"라고 인터뷰한 바 있다(유슬기, 「'공부왕찐천재' 이석로 PD "내가 홍진경을 콕 찍은 이유는…"」, 《topclass》, 2022. 8. 7.).

## 클라우드 : 스토리는 글로벌이다

2005년 당시 가장 잘나가던 컴퓨터 기업은 IBM과 HP였다. 두 회사는 한국에서도 꽤 많은 매출을 올렸고 기술 분야를 전문적으로 취재하는 기자들을 상대로 '미디어 라운드 테이블'을 경쟁적으로 개최했다.

중대형 컴퓨터(서버)를 취재하는 기자였던 필자도 한국HP가 그즈음 주최한 미디어 라운드 테이블에서 '클라우드'라는 말을 처음 들었다. 각 전산실에 중·대형 컴퓨터인 서버를 설치하는 것이 아니라 마치 콘센트에 전원 플러그를 꽂으면 전기를 쓸 수 있듯 필요할 때마다 컴퓨팅 자원을 끌어와서 쓰게 될 것이라는 전망이었다.

실제로 컴퓨터가 수도나 전기 같은 일종의 설비 인프라가 되는 데 채 몇 년이 걸리지 않았다. 이제 기업들이 자체 서버를 구축하지 않고 아마존을 비롯해 MS, 구글 같은 전문 테크 기업들의 데이터 센터 내 서버를 임대해서 쓴다. 오늘날 클라우드를 이용하지 않고 돌아가는 비즈니스는 거의 없을 정도다.

클라우드 서비스 분야의 선두 주자는 IBM과 HP가 아니라 1997년 온라인 서점으로 출발해 '에브리싱 스토어everything store'로 발전한 아마존이다. 아마존은 2006년 인터넷으로 데이터 저장 공간(스토리지)을 빌려주는 'S3'를 출시한 이후 지속적으로 성장해 아마존은 전 세계 클라우드 시장의 34%가량을 차지하고 있다.*

클라우드의 발전은 스토리 시장에도 적지 않은 영향을 미쳤는데, 특히 음악과 영상 스트리밍 서비스가 폭발적으로 성장했다. 클라우드 이전 시대에는 PC나 휴대폰에 파일을 실제로 내려받아 기기에 저장해서 듣고 보았다. 클라우드 기술 발전이 없었다면 넷플릭스, 유튜브, 멜론, 스포티파이 같은 주문형 비디오와 음악 서비스를 누리지 못했을 것이다.

각종 디지털 서비스의 글로벌화를 가속화한 것도 클라우드 기술이다. 클라우드 기술을 이용하면 원거리에 콘텐츠를 배포하기가 훨씬 쉬워진다. 각국 사용량에 따라 클라우드 컴퓨팅 자원을 추가로 할당해 몰려드는 트래픽을 처리하면 된다.

게다가 클라우드에 기반한 디지털 방송 서비스는 각국의 방송 규제를 무력화할 수 있다. 영국의 글로벌데이터 보고서에 따르면 전 세계 구독형 동영상 스트리밍 서비스Subscriber Video-On-Demand, SVOD 가입자 수는 2022년 15억 명을 돌파해 기

* 아마존 클라우드 서비스 매출액은 2019년 42조 원(350억 달러), 2020년 54조 원(454억 달러), 2021년 75조 원(622억 달러)을 기록하며 3년 연속으로 30% 이상 성장했다. 2022년에도 96조 원(800억 달러)을 기록, 성장세를 유지했다.

존 유료 방송 가입자 수(약 14억 명)를 처음으로 넘어섰다.

지난 20년의 취재 기간 동안 클라우드 기술을 포함해 정보 기술업계의 웬만한 포부와 예언이 거의 모두 실현되는 것을 두 눈으로 보아왔기에 앞으로도 그럴 것이라고 예상한다. 필자는 그것이 기술 가속화 시대의 자연스러운 풍경이라는 사실을 담담히 받아들이고 있다.

결국 디지털, 모바일, 클라우드는 전통 강자의 입지를 흔들고 신흥 강자를 배출하는 토대가 되었다. 또한 그 기술적 연결성 때문에 각종 산업의 경계를 무너뜨리는 데도 결정적 역할을 했다. 스토리 전쟁은 스토리테크 전쟁으로 진화했고 콘텐츠 산업은 지역의 특수성을 반영하는 로컬 비즈니스에서 전 세계 독자와 시청자를 상대로 하는 글로벌 비즈니스 성격을 띠게 되었다.

## 스토리 전쟁의 판세를 어떻게 읽을 것인가

전통 플레이어에 비非전통 플레이어가 가세한 현대 스토리 비즈니스 지형은 매우 복잡하다. 이 책은 '만인에 대한 만인의 스토리 전쟁'이 된 거대한 스토리 산업의 흐름을 구조적으로 이해하는 분석 틀로 할리우드 모델, 실리콘밸리 모델, K 모델을 제시한다.

좋은 스토리가 지속적으로 나오려면 좋은 제작 체계와 상당한 규모의 제작 생태계가 갖추어져 있어야 한다. 삼성전자

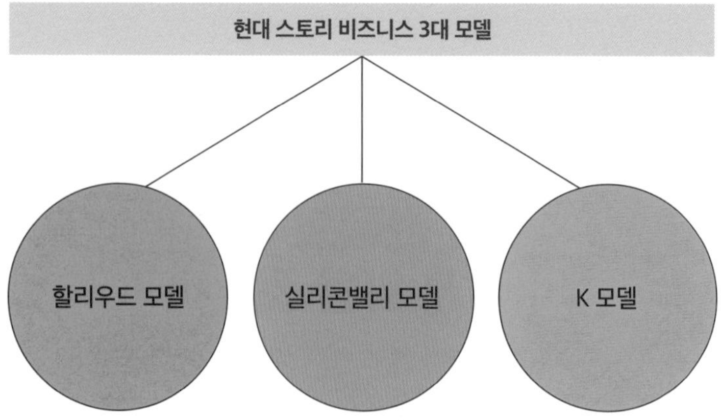


가 홀로 세계 최대 반도체 회사가 될 수 없는 것과 같다. 삼성전자 스스로도 최신 반도체 생산 시설을 갖추고 상당한 규모의 협력사 생태계를 배후에 두었을 때 비로소 세계 반도체 시장을 이끌 수 있다.

할리우드 모델, 실리콘밸리 모델, K 모델 등 3대 모델의 분석 틀로 세계 스토리 비즈니스의 흐름을 짚어보면 지상파 방송 시장, 케이블 방송 시장, 극장 영화 시장, 출판 만화 시장 등 전형적인 시장 구분으로는 불가능했던 통합적 관점을 만날 수 있다. 급변하는 스토리 산업을 주도하는 각 모델의 특징과 성장 동력을 간략히 살펴보자.

## 전통 강자, 할리우드 모델

20세기 세계 스토리 제작을 주도한 곳은 미국 캘리포니아주 로스앤젤레스 인근에 위치한 할리우드였다. 이 지역 랜드마크인 할리우드 사인이 있는 할리우드 힐스Hollywood Hills에는 많은 연예인과 유명 인사가 살고 있다.

미국의 초기 영화 비즈니스는 뉴욕과 그 주변 지역을 중심으로 발달했다. 그러나 혹독한 겨울 날씨와 비싼 임대료, 영화 산업을 독점하려던 토머스 에디슨의 특허 침해 소송• 때문에 독립 제작사들이 캘리포니아의 작은 농촌 마을인 할리우드로 이전하기 시작했다.

캘리포니아의 다양한 지형과 1년 내내 화창한 날씨는 영화 촬영에 적합했기에 곧 할리우드에 재능 있는 배우와 연출가가 몰려들었다. 특히 이곳을 개척한 초기 영화계 인사들은 스타 시스템과 블록버스터 영화 제작 체계까지 만들어냄으로써 할리우드는 20세기 세계 문화의 중심지가 되었다. 미국 지상파·케이블 방송사도 할리우드와 밀접한 관계를 맺고 있는

• 1908년 토머스 에디슨은 코닥 같은 영화계 기득권 세력과 함께 MPPCMotion Picture Patents Company라는 '영화에 관한 특허'를 자산으로 하는 신탁회사를 만들었다. 영화 제작자들은 에디슨의 특허 침해 소송에 지속적으로 시달려야 했다.

20세기 세계 문화의 중심지 할리우드.

데, 이는 미국 방송사들이 할리우드 제작 스튜디오와 협력해 드라마를 제작하기 때문이다.

## 기술로 무장한 실리콘밸리 모델

사과밭이었던 실리콘밸리는 1970년대만 해도 이름 그대로 반도체 공장이 즐비한 공업지대였다. 한국으로 따지면 울산 같은 도시였다. 아직도 실리콘밸리는 예술적으로 그닥 흥미로운 곳이 아니다. 2020년 실리콘밸리에서 만난 스탠퍼드대학교 음악 전공 교수가 "음악적 자극을 받기 위해 매주 비행기를 타고 뉴욕으로 간다"라고 말할 정도다.

그런데 2000년대 중·후반부터 실리콘밸리 기업이 스토리 시장에서 위력을 발휘하기 시작한다. 실리콘밸리에서 우편으로 DVD를 배송하던 넷플릭스는 탄탄한 전개, 다양한 소재의 드라마 제작과 유통으로 이름을 떨치고 있다. 유튜브와 틱톡은 예능과 교양, 뉴스와 정보 시청자를 순식간에 흡수해 버렸다.

게다가 역사상 상품을 유통하는 커머스commerce가 스토리 비즈니스에 이처럼 신경 쓴 적은 없었을 것이다. 기존의 대형 유통업체는 좋은 물건을 싸게 수급한 뒤 매장에 잘 진열하는 데 주로 신경 썼지만, 온라인 유통 기업인 아마존은 〈반지의 제왕: 힘의 반지The Lord of the Rings: The Rings of Power〉 같은 대작 드라마를 제작하는 등 오프라인 유통업체와는 다른 전략을 쓰고 있다.

## 새롭게 부상한 게임 체인저, K 모델

2021년 9월 넷플릭스에 공개된 〈오징어 게임〉은 46일 연속 전 세계 1위를 기록했는데(플릭스패트롤 기준) 아직도 이 기록은 깨지지 않고 있다. 이듬해 9월 미국 텔레비전 예술·과학 아카데미The National Academy of Television Arts&Sciences, ATAS는 〈오징어 게임〉에 출연한 배우 이정재를 제74회 프라임타임 에미상 남우 주연상 수상자로, 감독 황동혁을 드라마 시리즈 감독상 수상자로 각각 선정했다. 1949년 1월 25일 첫 에미상 시상식이 열린 이래 비영어권 드라마가 에미상 후보에 오른 것은 처음 있는 일이었다.

세계 엔터테인먼트의 변방에 있는 한국이 전 세계에서 히트하는 드라마를 속속 내놓고 있을 뿐만 아니라 디지털 만화 시장도 선도하고 있다. 네이버웹툰은 2021년 100개국에서 웹툰 앱 수익 1위를 기록하는 성과를 거뒀고 카카오 계열사인 일본의 카카오픽코마는 일본 전체 앱 마켓에서 타의 추종을 불허하는 매출 1위를 달리고 있다.

한국의 스타트업 리디가 만든 웹툰 구독 앱 '만타Manta'는 미국에 진출하자마자 다운로드 1위를 기록하는 기염을 토했다. 한국이 세계 스토리 시장의 무서운 도전자로 부상하면서

제74회 프라임타임 에미상에서 각각 남우 주연상, 감독상을 수상한 〈오징어 게임〉의 배우 이정재와 감독 황동혁.

세계 콘텐츠 제작자들도 한국식 모델에 주목하기 시작했다. 그럼 2장에서부터 3대 모델을 각각 살펴보기로 한다. 역사와 태생적 특성에 기반한 각자의 성공 전략도 차별적이다.

# 2
# CHAPTER

# 할리우드 모델의 좌절

## 디즈니, 워너 브러더스, 파라마운트의 돌파구

디즈니, 워너 브러더스, 파라마운트 등 100년 가까이 영화 산업을 지배해온 전통 스토리 강자 할리우드 모델. 하지만 팬데믹이 촉발한 스트리밍 전쟁에서는 고전을 면치 못했다. 할리우드 모델이 위기에 빠질 수밖에 없었던 태생적 한계는 무엇이며, 생존을 위한 이들의 승부수는 무엇인가?

# 할리우드가 세계 영화 시장을 제패한 이유

먼저 할리우드 모델이다. 오랫동안 할리우드는 전 세계 문화 권력의 중심이었으며, 지금도 세계 스토리 시장에서 큰 영향력을 발휘하기에 할리우드 모델의 탄생과 성장, 그리고 좌절을 자세히 살펴볼 필요가 있다.

할리우드 시스템은 어떻게 시작되었을까? 미국 미디어 기업 중 90%가 월트 디즈니 컴퍼니, 컴캐스트Comcast, AT&T, 파라마운트 글로벌 등 단 4개 그룹의 산하에 들어간 배경은 무엇일까? 위험천만한 흥행 비즈니스의 평균 타율을 유지하기 위해 시대의 흐름에 따라 끊임없이 변화해온 할리우드 모델은 앞으로도 살아남을 수 있을까?

사실 영화 산업이 태동한 나라는 미국이 아니라 프랑스다. 1895년 프랑스의 뤼미에르 형제가 카메라, 인화기, 영사기를 겸한 시네마토그래프Cinématographe를 개발했고 〈공장을 나서는 노동자들〉, 〈열차의 도착〉 등을 촬영해 파리의 그랑 카페에서 상영했다. 당시 관람료는 지금 돈으로 치면 한화 약 1,500원인 1프랑이었다. 〈열차의 도착〉은 유료로 상영된 최초의 영화로 학계에서 공인받았다.

세계 최초의 SF 영화 〈달 세계 여행〉도 프랑스 영화다. 프랑스의 칸Cannes에서 세계 3대 영화제 중 하나인 '칸 영화제'가 열리는 이유도 프랑스가 초기 영화 산업의 중심지였기 때문이다. 그런데 1910년대까지 세계 영화 시장을 선도하던 프랑스는 후발 주자인 미국에 패권을 넘겨주었다.•

영화, 드라마, 게임 등 엔터테인먼트 사업은 오늘의 성공 이력만으로 내일의 성공을 장담할 수 없는 독특한 비즈니스다. 이른바 하이 리스크 하이 리턴high risk high return, 즉 고위험

• 프랑스 정부가 각고의 노력을 기울였음에도 이제 프랑스 내 자국 영화 점유율이 50%가 안 된다.

고수익 비즈니스의 전형이어서 예상치 못한 '대박'과 말도 안 되는 파산 수준의 '실패'가 반복된다.

들쭉날쭉한 대차대조표로는 차기작 투자 로드맵은커녕 차기 연도 비즈니스 계획조차 세우기 어렵다. 할리우드 스튜디오들은 이 문제를 일종의 시스템으로 해결함으로써 100년 가까이 세계 영화 산업을 지배했다. 이것이 바로 할리우드 모델이다.

## 영화 비즈니스를 하나로 통합한 할리우드 시스템

할리우드 스튜디오들은 ① 생산과 유통의 수직적 결합, ② 스타 캐스팅, ③ 판매 창구 다변화 등을 통해 안정적인 수익을 창출하는 방안을 고안해냈다. 즉 사전에 확보된 극장망으로 지루한 영화라도 배급하고, 스타의 이름값을 내세워 일정 수준의 관객을 끌어왔으며, 극장에서 상영한 후에는 지상파, 케이블, 해외 등으로 판권을 넘겨 추가 수익을 올렸다.

이 고전적인 할리우드 스튜디오 모델을 정착시킨 인물은 헝가리 시골 마을 태생인 아돌프 주커Adolph Zukor다. 그는 1912년 영화 제작사 페이머스 플레이어스Famous Players를 창립했고

할리우드 스튜디오 시스템을 구축한 아돌프 주커는 미국 영화 산업의 부흥을 이끌었다.

1916년 할리우드 최초 장편영화를 만들었던 래스키 극영화사 Jesse L. Lasky Feature Play Company를 합병했으며, 같은 해 파라마운트를 인수하면서 사세를 확장했다.

영화 배급사는 영화를 상영할 극장을 선정하고 상영 스케줄을 조정하며, 마케팅과 프로모션 활동을 통해 가능한 한 많은 관객을 확보하는 역할을 한다. 파라마운트는 영화를 제작하는 스튜디오이자 영화 유통 전반을 담당하는 배급사였는데, 영화를 배급할 때 자체 제작한 영화를 우선 배급하는 전략을 폈다.

다시 말해 파라마운트는 극장주에게 자체 제작한 영화를 일괄 구매하도록 요구했으며, 극장주는 파라마운트의 블록버스터 영화를 배급받기 위해 파라마운트가 제작한 인기 없는 영화까지 상영했다.

1920년대부터 1950년대 초까지 할리우드의 5대 메이저 스튜디오는 영화 제작과 배급·상영에 이르는 영화 비즈니스의 전 과정을 하나의 시스템으로 만들어 흥행 비즈니스의 각종 위험 요소를 통제함으로써 세계 스토리 시장의 패권을 거머쥐었다.*

* 1948년 미국 연방 대법원은 영화사의 스크린 독점 및 극장 수직 계열화는 반독점법 위반이라는 이른바 '파라마운트 판결'을 내린다.

할리우드 스튜디오 시스템을 개척한 주커는 할리우드 영화 산업 발전에 기여한 공로로 1948년 아카데미 공로상을 받았다. 그는 100세 생일을 맞이할 때까지 매일 일했고 103세에 사망할 때까지 파라마운트 명예 회장 타이틀을 놓지 않았다고 한다.

저널리스트 출신인 노혜령 건국대학교 언론홍보대학원 초빙교수는 "영화 산업의 후발 주자였던 할리우드가 100년 이상 세계 영화 시장을 지배해온 이유는 비즈니스 모델 때문이다"라고 설명한다. 높은 제작비가 투입된 고품질 영화를 계속 만들어내려면 영화 유통에서 벌어들이는 돈이 제작 부문으로 회수되어야 하는데, 할리우드는 유통 과정에서 발생한 이익을 제작 부문에 투자하는 가치 사슬value chain 관리 전략으로 콘텐츠의 질을 획기적으로 끌어올릴 수 있었다.

1950년대부터 본격적으로 보급되기 시작한 텔레비전의 등장은 할리우드 영화 산업 전체를 위태롭게 할 수도 있었다. 그러나 할리우드 메이저 스튜디오들은 ABC, NBC, CBS 등 미국 지상파 방송사와 상호 보완적 관계를 형성하며 영향력을 유지하는 데 성공했다.

지상파 방송사 ABC는 디즈니와 합병해 ABC스튜디오(옛 터치스톤 텔레비전)를, NBC유니버설 그룹은 NBC유니버설 텔레비전 그룹과 산하 유니버설 미디어 스튜디오(옛 NBC유니버설 텔레비전 스튜디오)를, CBS는 CBS 텔레비전 스튜디오를, 뉴스 코프는 폭스 텔레비전 스튜디오를 각각 출범시킴으로써 미국의 방송 드라마 제작 과정에도 할리우드 시스템이 뿌리를 내렸다.

임정수 서울여자대학교 언론영상학부 교수는 "제작 스튜디오와 방송 네트워크의 수직 결합은 미국 드라마 생산과 유통의 위험을 분산하는 데 적지 않은 역할을 했다"라고 평가한다.

미국 지상파 방송사들은 자체 보유한 스튜디오에 제작비를 대고 스튜디오가 만든 드라마를 편성해주는 대신, 드라마 방영에 따른 광고 수익과 해외 판권 판매 등의 권리를 확보했다. 방송사가 2차, 3차 부가 시장에 대한 추가 수익을 기대할 수 있게 되자 대작 드라마 제작에 대한 투자도 가능해졌다. 1990년대 중반 이후 '미드(미국 드라마)'가 활성화된 것은 이런 흐름과 무관하지 않다는 게 임정수 교수의 분석이다.

## IP 산업의 황제, 디즈니

**"내 모든 것이 꿈과 생쥐 한 마리로 시작했다는 것을 늘 기억하라."**

세계 최대 콘텐츠 왕국을 건설한 월트 디즈니Walt Disney가 1954년 10월 27일 디즈니랜드 텔레비전 프로그램에서 한 말이다. 생쥐 한 마리는 1928년 월트 디즈니와 그의 형 로이 디즈니Roy Disney가 온갖 수고 끝에 탄생시킨 생쥐 캐릭터 '미키마우스Mickey Mouse'를 말한다.

월트 디즈니사는 미키마우스가 처음 등장한 애니메이션 영화 〈증기선 윌리Steamboat Willie〉를 개봉한 첫 3주 동안에만 3만여 통의 팬레터를 받았다. 곧 인형, 칫솔 등 수백 가지 미키마우스 상품이 출시돼 미국은 전국 어디를 가나 미키마우스 천지가 되었다.•

사실 디즈니가 만든 최초의 애니메이션 캐릭터는 검은색 털에 큰 귀가 달린 토끼 '오스왈드'였다. 디즈니 형제는 유니버설 스튜디오와 함께 〈오스왈드 더 럭키 래빗Oswald the Lucky Rabbit〉을 제작했고, 이 캐릭터 역시 상당한 인기를 끌었다.

• 김지영, 『월트 디즈니』, 살림출판사, 2009.

디즈니가 철저한 저작권 관리의 필요성을 느끼게 한 오스왈드 캐릭터.

하지만 유니버설 스튜디오가 오스왈드의 저작권을 소유하고 있었기 때문에, 디즈니가 대가를 더 많이 요구하자 유니버설은 디즈니와의 계약을 끊고 자신들만의 애니메이터 팀을 구성해 오스왈드를 계속 만들기로 결정했다. 이때의 쓰라린 경험 때문에 디즈니는 다시는 하청을 받지 않기로 결심한다.

디즈니에 오스왈드 래빗 사건은 저작권에 대한 중요성을, 미키마우스의 인기는 원 소스 멀티유즈one source multi-use, 즉 하나의 주제를 다른 장르로 확장하는 비즈니스의 잠재력을 일

깨워줬다.

디즈니는 미키마우스가 큰 성공을 거두면서 캐릭터 비즈니스의 무한한 가능성을 발견하게 된다. 1932년 디즈니는 월트 디즈니 엔터프라이즈라는 부서를 신설하고 캐릭터 사업에 본격적으로 뛰어들었는데, 이듬해 미키마우스 판권으로 극장 개봉 수익보다 더 많은 돈을 벌어들였다.

디즈니처럼 발 빠르게 캐릭터 사업을 벌인 회사도 없을 것이다. 이 같은 전통이 지금까지 이어져 디즈니는 매년 라이선스 상품 판매로만 수십조 원을 벌어들이고 있다. 미국 매체 《할리우드 리포터》에 따르면, 2021년 기준으로 디즈니는 전 세계에 562억 달러(약 64조 원)의 라이선스 상품을 판매하는 세계 최대 라이선스 상품 판매업체다.

디즈니는 테마파크 사업도 처음 개척했다. 디즈니는 1955년에 개장한 미국 캘리포니아 애너하임의 '디즈니랜드'를 필두로 플로리다 올랜도의 '월트 디즈니 월드', 일본의 '도쿄 디즈니랜드', 프랑스의 '디즈니랜드 파리', 홍콩의 '홍콩 디즈니랜드', 중국의 '상하이 디즈니랜드' 등으로 테마파크를 확장해 왔다.

디즈니랜드는 디즈니가 창조한 캐릭터와 함께 환상의 세계에 푹 빠지도록 건물과 각종 놀이 프로그램, 상품 판매까지

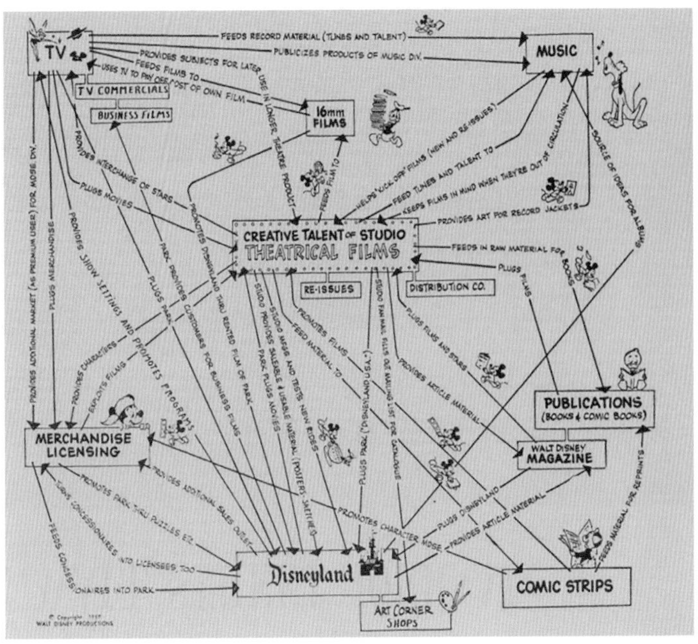

'디즈니 레시피'로 불리는 월트 디즈니의 전략 메모. 영화를 중심으로 출판, 머천다이징, 테마파크 사업까지 디즈니 IP 사업의 총체가 담겨 있다.

정교하게 설계된 지식재산권IP 사업의 끝판왕이라고 할 수 있다. 월트 디즈니 파크, 익스피리언스 앤드 컨슈머 프로덕트는 월트 디즈니 컴퍼니의 자회사로 2022년에만 290억 달러(약 38조 원)의 매출을 올렸다.

창업자 월트 디즈니는 여러 고비를 넘기면서 흥행 산업에서 안정적인 수익을 올리는 방법을 체득했는데, 이 총체적 노하우는 1957년 남긴 그의 전략 메모에 잘 드러나 있다. 디즈니 레시피로 불리는 이 전략 메모에는 극장용 영화를 중심으로 TV, 음악, 머천다이징, 라이선싱, 출판, 잡지, 단편 만화 사업을 연결하고 디즈니랜드 테마파크 사업까지 더해 선순환을 그리는 사업 구조가 담겨 있다.

1978년 미키마우스는 애니메이션 캐릭터로는 처음으로 할리우드 명예의 거리에 헌정됐고, 2018년에는 미키마우스의 여자 친구 미니마우스도 같은 거리에 입성했다.

애니메이션 제작 스튜디오로 출발한 월트 디즈니 컴퍼니는 영화, 음악, 드라마, 뮤지컬, 스포츠, 방송 프로그램을 제작하고 유통하는 시가총액 200조 원이 넘는 엔터테인먼트 회사가 되었다. 생쥐 한 마리에서 위대한 신화가 탄생한 것이다.

## 끝없는 인수 합병, 스케일이 답이다

1980년대 미국 전통 미디어 지형을 보면 약 50개 기업이 미디어 기업의 90%를 소유하고 있었는데, 2023년 기준으로 단 4개 기업(월트 디즈니 컴퍼니, 컴캐스트, AT&T, 파라마운트 글로벌)이 미디어 기업의 90%를 소유하고 있다. 미국 미디어 산업은 1995년 이후와 2010년 이후 거센 파고에 휩싸여 급격하게 재편되었다.

## 위기를 맞은 전통 미디어 기업의 스케일 전략

1995년은 미국 연방통신위원회Federal Communications Commission, FCC가 ABC, NBC, CBS 등 3대 지상파 네트워크(방송사)의 프로그램 자체 제작을 제약하던 각종 규제를 없앤 해였다. 이때부터 미디어 기업이 프로그램을 제작하는 할리우드 스튜디오와 프로그램을 편성하고 송출하는 네트워크를 동시에 소유할 수 있게 된 것이다.

1996년에는 미국 전기통신법도 개정되어 미디어 사업자의 사업 영역에 대한 규제가 대부분 철폐되었다. 미디어 소유 집중 규제 완화로 미디어 기업 사이의 인수 합병이 폭발적으로 일어났다. 1980년대부터 약진한 케이블 방송사에 전기통신법 개정은 큰 사업 기회였다. 지상파 방송과 케이블 방송의 시청률이 역전되고 지상파 방송사가 속속 팔려나갔다.

이 시기에 급성장한 회사가 1963년 케이블 텔레비전 사업자로 출발해 미국 케이블 방송 2위 사업자이며 미국 1위 초고속 인터넷 서비스 사업자가 된 컴캐스트다. 이 회사는 2013년 NBC유니버설을 손에 넣는 등 노련한 인수 합병으로 미국 최대 미디어 복합기업 중 하나가 되었다.

2010년은 넷플릭스의 스트리밍 혁명이 본격화된 해다. 미

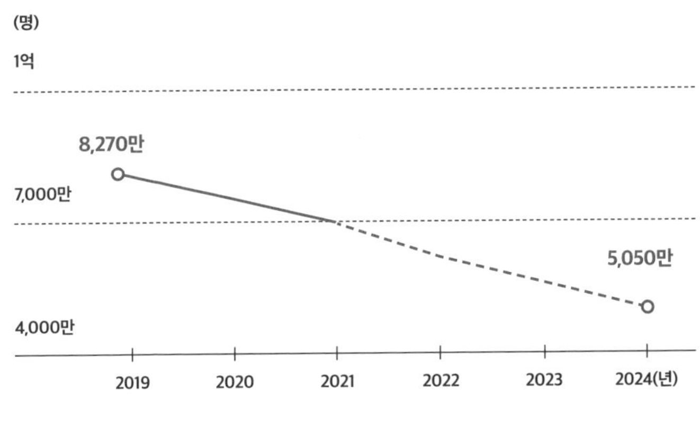


출처: 블룸버그(2021)

서부 캘리포니아 로스 가토스에 본사를 둔 넷플릭스는 엔터테인먼트업계의 '비주류 중 비주류'였지만, 미국 유료 방송 시장을 송두리째 바꿔놓은 초대형 태풍을 만들었다.

인터넷으로 넷플릭스에 접속해 원하는 영화나 드라마를 보는 넷플릭스 방식이 인기를 얻으면서 미국에서는 너도나도 유료 방송 서비스를 해지하는 대규모 '코드 커팅code cutting'*이

* 케이블 방송 같은 유료 방송 서비스를 해지하는 것을 뜻한다. 케이블 방송 등의 유료 방송에 전혀 가입한 적이 없는 사람들을 코드-네버즈cord-nevers라고 한다.

일어났다. 이를 통해 수백만 가구가 케이블 방송이나 위성 방송 서비스 구독을 취소하고 스트리밍 구독으로 전환했다.

미국에서 케이블 방송이나 위성 방송 서비스 구독을 취소하거나 전혀 가입한 적 없는 사람의 수가 2014년 1,560만 명에서 2021년 5,040만 명으로 3배 이상 증가했다.

위기를 맞은 미국의 전통 미디어 기업들은 '몸집 불리기'로 출구를 찾았다. 미국 기업 특유의 생존·성장 방식인 인수 합병을 통해 '규모의 경제'를 만드는 방법을 택한 것인데, 최근 10년 동안 미국 미디어·엔터테인먼트 시장에서는 상상조차 하기 어려웠던 거래가 속속 성사되었다.

가장 적극적으로 인수 합병을 진행한 곳은 디즈니다. 디즈니는 2006년 픽사Pixar, 2009년 마블Marvel, 2012년 루커스필름Lucasfilm을 차례로 인수해 지식재산 왕국이 되었고, 2019년에는 21세기폭스21st Century Fox까지 인수해 타의 추종을 불허하는 콘텐츠 라인업을 갖추었다.

섬너 레드스톤Sumner Redstone이 창립한 바이어컴과 거대 방송사 CBS는 2019년 재합병해 바이어컴CBS를 탄생시켰으며 산하에 CBS, MTV, 니켈로디언, 쇼타임 등 방송 채널과 영화 〈트랜스포머〉, 〈미션 임파서블〉, 〈탑건〉 등으로 유명한 자회사 파라마운트 픽처스를 거느리게 되었다. 2022년 바이어컴

CBS는 파라마운트 글로벌로 사명을 바꿨다.

유료 케이블 방송과 초고속 인터넷 서비스 시장을 장악한 컴캐스트는 2009년 미국 최대 지상파 방송 NBC, 유니버설 영화사와 CNBC, 브라보, 웨더 채널 등 케이블 채널을 거느린 콘텐츠 기업 NBC유니버설을 인수한 데 이어, 2016년 드림웍스 애니메이션을 38억 달러(약 4조 3,190억 원)에 인수해 NBC유니버설의 일부로 편입했다. 바로 뒤에 설명하겠지만, 컴캐스트는 21세기폭스 인수전에 뛰어들어 디즈니와 치열한 경합을 벌였다.

## 디즈니의 폭스 인수 막전막후

2005년 10월부터 2020년 2월까지 디즈니를 이끌고 2022년 11월 다시 디즈니 CEO에 복귀한 로버트 아이거Robert Iger(밥 아이거) 증언에 따르면, 21세기폭스사 매각을 먼저 제안한 것은 뉴스 코퍼레이션의 루퍼트 머독Rupert Murdoch이었다. 호주 애들레이드에서 뉴스 리미티드라는 작은 신문사를 상속받아 세계 최대의 미디어 그룹을 일군 머독이 2017년 아이거를 만난 자리에서 이렇게 운을 띄웠다.[•]

디즈니의 로버트 아이거(왼쪽)와 21세기폭스의 루퍼트 머독(오른쪽).

"우리는 규모가 작아서 말이야, 규모를 갖춘 회사는 디즈니뿐이지."

머독이 소유·운영해온 세계 3위 미디어 그룹 뉴스 코퍼레이션은 2013년 방송·영화 사업을 담당하는 21세기폭스와 신문·출판 사업을 담당하는 뉴스 코프로 분리되었는데, 머독은 21세기폭스사를 디즈니에 매각할 수 있다는 신호를 보낸 것이다.

• 로버트 아이거, 안진환 역, 『디즈니만이 하는 것』, 쌤앤파커스, 2020.

여러 차례 몰아친 미디어 격변에서도 노련하게 살아남은 1931년생 머독도 할리우드와 실리콘밸리의 스토리 비즈니스 전쟁이 격화되자 엔터테인먼트 사업에서 발을 빼기로 마음먹은 것이다. 2017년 12월 디즈니는 주당 28달러(총 524억 달러)를 전액 주식으로 지급하고 폭스를 인수한다고 공식 발표했다.

문제는 미국 케이블 방송 2위 사업자이며, 미국 1위 초고속 인터넷 서비스업체인 컴캐스트였다. 컴캐스트는 디즈니보다 더 높은 인수가를 제시하며 디즈니의 폭스 인수 저지에 나섰다.

다만, 컴캐스트는 유료 방송 1위 사업자인 데다 지상파 방송사 NBC도 보유하고 있어 반독점 당국의 매우 강도 높은 조사를 받을 확률이 컸다. 실제로 컴캐스트가 추진한 타임 워너Time Warner 케이블과의 합병이 법무부의 반대로 무산된 바 있다. 폭스는 컴캐스트가 제시한 인수가가 더 높았음에도 정부의 반독점 심사를 고려해 디즈니를 선택했다.

컴캐스트는 물러서지 않았다. 마침 미국 2위 통신 사업자 AT&T가 타임 워너를 인수한 것을 두고 미 법무부가 반독점 소송을 진행 중이었다. 만약 미 법무부가 제기한 소송에서 AT&T에 패한다면, 컴캐스트도 폭스 이사회와 주주에게 반독점 소송이 문제되지 않는다고 설득할 수 있었다.

컴캐스트의 기대대로 2018년 6월 로어 맨해튼 지방법원에서 AT&T가 타임 워너를 인수한 것에 대해 적법하다는 판결이 내려졌다. 미 법무부가 소송에서 진 바로 다음 날, 브라이언 로버츠 컴캐스트 CEO는 기다렸다는 듯 폭스를 주당 35달러(총 640억 달러)의 현금에 인수하겠다는 제안을 공식 발표했다.

디즈니를 이끄는 아이거 CEO는 폭스 이사회가 열리기 이틀 전 머독을 만나 원래 제시한 가격보다 주당 10달러 높은 주당 38달러(총 713억 달러)에 절반은 현금, 나머지 반은 주식으로 지급하는 인수 조건을 제시하며 컴캐스트를 향해 마지막 펀치를 날렸다. 폭스 측은 디즈니가 제시한 새로운 금액과 조건을 수용하기로 결정했다고 컴캐스트에 통보하고 즉시 공식 발표했다.

2019년 3월 20일 월트 디즈니 컴퍼니는 머독이 소유한 21세기폭스를 최종 인수했는데, 이는 약 710억 달러(약 80조 원)에 달하는 거래로 역사에도 남을 '빅 딜'이었다. 디즈니의 지분 5%가량을 넘겨받은 루퍼트 머독 가문은 주요 주주로서 경영에 영향력을 행사할 수 있게 되었다.

디즈니는 21세기폭스를 인수함으로써 〈아바타〉, 〈X-맨〉,

디즈니는 21세기폭스 인수를 완료한 뒤 홈페이지 메인 화면에 〈아바타〉, 〈데드풀〉 등 작품을 포함시키며 합병을 축하했다.

〈판타스틱 4〉, 〈데드풀〉 등 영화 판권과 관련된 여러 캐릭터와 마블 코믹스의 영화 판권을 손에 넣었으며, 더욱 강력한 지식재산권 포트폴리오를 갖추게 되었다. 빅 딜 4년 후인 2023년 9월 머독은 뉴스 코프·폭스 회장 자리에서 물러났다. 그의 나이 92세였다.

## 워너 브러더스 디스커버리, 사명이 복잡한 이유

워너 브러더스 디스커버리 역시 남부럽지 않은 콘텐츠를 보유하고 있다. 〈슈퍼맨〉, 〈배트맨〉, 〈원더 우먼〉, 〈왕좌의 게임〉,

〈반지의 제왕〉, 〈해리 포터〉, 〈세서미 스트리트〉, 〈루니 툰〉, 〈프렌즈〉, 〈섹스 앤드 더 시티〉, 〈밴드 오브 브러더스〉 등 이 회사에서 제작한 메가 히트작만 나열해도 숨이 찰 정도다. 이 같은 작품 목록은 워너 브러더스를 중심으로 지난 수십 년간 수차례 인수 합병을 거듭한 결과라고 할 수 있다.

사실 워너 브러더스 디스커버리라는 다소 복잡한 회사명에는 미국 미디어 빅뱅의 역사가 녹아 있다. 간략히 설명하면, 1967년에 워너 브러더스-세븐 아츠Warner Bros.-Seven Arts가 DC 코믹스를 인수했고, 이후 워너 브러더스는 여러 차례 합병과 인수를 거쳐 1990년에는 시사 잡지로 유명한 《타임》과 합병해 타임 워너가 된다. 이 회사는 1996년 CNN, 카툰네트워크 등을 보유한 케이블 회사 터너 브로드캐스팅 시스템도 인수했다.

2018년엔 통신 회사 AT&T가 통신과 미디어의 시너지를 꾀하겠다며 타임 워너(워너 미디어)를 사들였는데, 미디어 경영은 쉽지 않았는지 3년 만에 워너 미디어를 분사해버린다.

2022년 4월 분사된 워너 미디어와 다큐멘터리 전문 케이블·위성 채널 디스커버리가 합병해 초거대 미디어 기업인 워너 브러더스 디스커버리가 탄생했다. 결국 워너 브러더스 디스커버리는 5대 할리우드 제작사 중 한 곳(워너 브러더스)+미국 양대 만화 회사 중 한 곳(DC 코믹스)+독보적 유료 케이블 방송사(HBO·CNN·디스커버리 등)를 합한 회사인 셈이다.

# 위력을 잃어가는 할리우드 모델

2017년 6월 올랜도의 월트 디즈니월드에서 열린 연례 디즈니 이사회 워크숍. 디즈니는 휴양을 겸한 연례 워크숍에서 확대 이사회 회의를 열어 향후 5개년 계획을 검토하고 구체적인 전략과 과업에 대해 논의한다. 워크숍 세션 주제는 '파괴 distrupton'였다.

이때 로버트 아이거는 디즈니와 ESPN의 콘텐츠를 소비자에게 직접 제공하는 동영상 스트리밍 서비스에 나서겠다는 계획을 발표했다. 디즈니 이사회는 이 계획에 적극 찬성했을 뿐 아니라 '속도가 핵심'이라고 강조하며 가능한 한 빨리 움직일 것을 촉구했다.*

실제로 디즈니는 거대 기업임에도 빠른 실행 속도로 미디어·엔터테인먼트업계를 긴장시켰다. 2019년 11월 12일 스트리밍 시장에 뛰어든 디즈니는 '디즈니+' 출범 하루 만에 1,000만 명이 넘는 가입자를 확보했고, 2020년 5월에는 가입자 5,400만 명을 확보했다. 당시 디즈니+의 최대 강점은 한 달에 7달러가 안 되는 6.99달러(약 8,500원) 가격에 마블, 픽사 등 디즈니가 보유한 7,500개의 콘텐츠를 볼 수 있다는 점이었다.

글로벌 진출에도 가속도를 붙여 디즈니+는 2020년 4월 유럽에 이어 6월 일본에서도 서비스를 시작했다. 한국에서는 2021년 11월 12일 디즈니+를 론칭했다. 디즈니+ 론칭에 힘을 쏟은 로버트 아이거는 "우리는 모든 것을 걸었다We are all in"라고 말했다.

2020년 코로나19가 전 세계적으로 유행하자 디즈니의 스트리밍 서비스 진출은 필수 불가결한 사업을 다각화하는 길

* 로버트 아이거, 안진환 역, 앞의 책.

임이 더욱 확실해졌고, 2021년 3월 디즈니 주가는 사상 최고가인 주당 197.16달러까지 올랐다. 2020년 2월 15년간 디즈니 CEO로 디즈니의 확장을 주도해온 로버트 아이거는 이사회 의장으로 명예롭게 퇴진했다.

## 올드 밥 복귀에도 묘수가 보이지 않는다

그런데 무엇이 잘못된 것일까? 2022년 3분기에 디즈니는 스트리밍 사업 부문(디즈니+, 훌루Hulu, ESPN+)에서만 무려 15억 달러(약 2조 원)의 손실을 입었다. 아이거의 후임 밥 체이펙Bob Chapek CEO가 실적 부진에 대한 책임을 지고 갑자기 물러나고 2020년 이사회 의장으로 퇴진한 로버트 아이거가 CEO로 복귀하는 일까지 벌어졌다.

'뉴 밥New Bob'이 퇴진하고 '올드 밥Old Bob'이 복귀한 후에도 디즈니의 스트리밍 사업부는 고전하고 있다. 2019년 11월 디즈니+를 출시한 후 디즈니는 스트리밍 사업에서만 최소 100억 달러(약 12조 원)가 넘는 손실을 기록했다.

돌아온 밥은 2023년 7,000명 감원을 목표로 대규모 구조 조정을 단행했으며, 디즈니+ 요금을 계속 올리고 있다.

2022년 12월 북미에서 광고 요금제를 출시하면서 광고 없는 스트리밍 서비스의 월 구독료를 7.99달러(약 1만 원)에서 10.99달러(약 1만 4,000원)로 올렸고, 2023년 들어 월 13.99달러(약 1만 8,400원)로 또 한번 인상하겠다고 발표했다. 디즈니가 운영하는 또 다른 스트리밍 서비스 훌루의 광고 제외 상품도 기존 대비 20% 인상된 월 17.99달러(약 2만 3,000원)를 받기로 했다. 이제 시장에서는 디즈니가 출혈경쟁을 상당 부분 포기한 것으로 해석하고 있다.

지난 3년간의 스트리밍 전쟁에서 밝혀진 것은 스트리밍 서비스는 '돈 먹는 하마'이며 스트리밍 서비스업체 간 출혈경쟁 때문에 콘텐츠 제작 비용만 상승했다는 점이었다. 2022년 미국 상위 8개 미디어 기업이 1,000억 달러(약 132조 원)가 넘는 돈을 스트리밍 사업에 퍼부었지만, 인기 콘텐츠만 골라 보고 서비스를 해지하는 '메뚜기' 구독자 탓에 스트리밍 사업자들은 엄청난 손실을 떠안게 되었다.

2023년 2분기 디즈니는 대대적인 구조 조정을 통해 스트리밍 사업 부문의 영업 손실을 전년 동기 -10억 6,000만 달러(약 1조 4,000억 원)에서 -5억 1,200만 달러(약 6,800억 원)로 줄였다. 그러나 전체 실적은 시장 기대치에 못 미쳤고, 가격을 지속적으로 인상한 탓에 디즈니+ 가입자 증가세도 주춤했다.

2023년 2분기 기준 디즈니+ 구독자는 1억 5,780만 명이다.

미국 경제 매체는 디즈니가 지상파 방송사인 ABC방송을 팔거나 ESPN 채널의 재무적, 전략적 투자자를 찾을 것이라고 예상한다. 2023년 7월 로버트 아이거 CEO는 앨런&코Allen&Co. 연례 콘퍼런스에서 "TV 사업 일부는 디즈니의 핵심이 아닐 수도 있다"며 "네트워크에서 비롯된 창의성이 디즈니의 핵심"이라고 강조했기 때문이다.

## 자르고 또 자르고, 워너 브러더스 디스커버리의 방식

2022년 4월 CNN 직원들은 새 경영진의 결정에 입을 다물지 못했다. 2년간 3억 달러(약 3,800억 원) 이상 투입하며 준비해 온 유료 뉴스 스트리밍 서비스 CNN+를 출시 한 달 만에 중단한 것이다.

CNN은 프로듀서, 엔지니어, 마케터를 대거 고용하고 뉴욕대학교 교수 스콧 갤러웨이, 푸드 크리에이터 앨리스 로먼 등 참신한 진행자를 영입했으며, 제작 인력도 대거 확충해놓은 상황이었다. 하지만 데이비드 재슬러브David Zaslav 워너 브러더스 디스커버리 신임 CEO는 산하 케이블 방송사인 CNN

재슬러브의 해법은 스트리밍 서비스에 투입되는 예산을 대폭 삭감하고 수익화에만 초점을 맞추는 것이었다.

의 야심 찬 프로젝트에 급제동을 걸었다.

오직 비용 절감에만 초점을 맞춘 재슬러브의 행보는 2년 가까이 진행 중이다. 그는 좌고우면하지 않고 제작 예산을 삭감하고 인력을 줄였다. CNN+ 셧다운은 서막에 불과했다. 워너 브러더스 디스커버리의 스트리밍 서비스 HBO 맥스의 오리지널 제작진도 직격탄을 맞아 HBO 맥스의 CCO(최고 콘텐츠 책임자) 등 직원 70여 명이 회사를 나갔다. HBO는 4년 동안 2억 달러(약 2,670억 원)예산을 들여 준비한 SF 드라마 〈데미몽드Demimonde〉 제작을 백지화했다.

HBO 맥스의 리얼리티 프로그램 제작도 취소되었는데,

경영진은 디스커버리가 리얼리티 프로그램을 만들기 때문에 HBO 맥스의 리얼리티 프로그램은 필요 없다는 논리를 내세웠다. 에미상 54개 부문 후보에 오른 드라마 〈웨스트월드Westworld〉의 차기작(시즌 5) 제작도 불투명하다는 전망이 나온다. 현 경영진은 최소 예산이 1,000억 원에 달하는 드라마 제작을 승인하지 않을 것이기 때문이다.

재슬러브는 여기서 한발 더 나아가 자체 스트리밍 보유 작품 수(라이브러리 규모)도 줄여버렸다. 저작권료와 클라우드 사용료 등 스트리밍 라이브러리 유지를 위한 비용을 절약하기 위해서였다.

놀랍게도 〈웨스트월드〉를 워너 브러더스 디스커버리의 스트리밍 서비스인 HBO 맥스가 아니라 다른 무료 스트리밍 서비스 로쿠 채널과 투비Tubi에서 틀고 있다. 워너 브러더스 디스커버리의 자체 스트리밍 서비스인 HBO 맥스의 경쟁력이 좀 떨어지더라도 수익부터 챙기겠다는 계산을 한 것이다.

대신 재슬러브는 인기작을 재활용하거나 라이선싱하는 데 눈독을 들이고 있다. 2022년 아마존의 스트리밍 서비스 '아마존 프라임 비디오Amazon Prime Video'에서 단독 공개한 〈반지의 제왕: 힘의 반지〉가 대표적인 사례다. 아마존이 워너 브러더스 디스커버리에서 라이선스를 구입해 첫 시즌에 쏟아부은 제작비만 4억 6,500만 달러(약 5,196억 원)에 달한다.

워너 브러더스 디스커버리가 판권을 보유한 〈해리 포터〉는 TV 시리즈로 각색되어 10년에 걸쳐 선보일 예정이라고 한다. 고정 팬을 보유한 인기작부터 재활용하겠다는 게 재슬러브의 계산인 것이다.

2022년 말 기준 워너 브러더스 디스커버리가 제작 중단 등을 통해 상각처리write-down한 콘텐츠 규모만 35억 달러(약 4조 4,000억 원)에 달한다. 재슬러브가 제작 중인 콘텐츠를 부실 자산 대하듯 처리하고 제작비도 크게 삭감하자, 그를 향한 할리우드의 원성이 커지고 있다.

특히 영화 〈배트걸〉은 이미 약 9,000만 달러(약 1,100억 원)가 투자된 상태였는데, 공정 마지막에 제작을 중단시켜 〈배트걸〉 출연진 사이에 불만과 항의가 없을 수 없었다.

그러나 월가의 분위기는 할리우드와 사뭇 다르다. 골드먼삭스는 2023년 초 미디어 부문 최고 강자로 워너 브러더스 디스커버리를 꼽았고, 5월에는 워너 브러더스 디스커버리 목표 주가를 21달러(약 2만 6,600원)로 올려 잡았다.

극단적으로 비용을 절감한 덕에 워너 브러더스 디스커버리의 스트리밍 사업 부문이 2023년 1분기 깜짝 흑자 전환(5,000만 달러, 약 630억 원)에 성공했다. 워너 브러더스 디스커버리가 넷플릭스를 제외하고 유일하게 흑자를 낸 스트리밍 사업자 반열에 오른 것이다.

워너 브러더스 디스커버리 이사회의 주축이 되는 것은 합병을 주도한 디스커버리 측인데, 이 회사 이사회는 '막대한 인수 비용을 치른 상태라 회사에 여윳돈이 없다', '비용을 감축하면 경영진에 추가 인센티브를 챙겨주겠다'며 명확한 시그널을 보내고 있다.

《할리우드 리포터》에 따르면, 잉여 현금 흐름이 좋아지고 자기자본 대비 부채 비율이 줄면 워너 브러더스 디스커버리 경영진에 돌아가는 성과 보상 주식PRSU이 최대 2배까지 늘어난다. 재슬러브 등 현 경영진이 비용 절감에 성공할 경우 두둑한 보너스까지 받게 된다는 뜻이다.

워너 브러더스 디스커버리의 수익 최우선 전략은 '콘텐츠 왕국' 디즈니에도 영향을 주고 있다. 디즈니에 복귀한 로버트 아이거가 대규모 구조 조정을 하는 가운데, 2023년 5월부터 디즈니+의 콘텐츠를 대거 삭제하고 있다. 〈윌로우〉, 〈빅 샷〉, 〈돌페이스〉 등이 디즈니+ 목록에서 사라졌다. 콘텐츠를 유지하는 것이 스트리밍 손익에 심각한 영향을 준다는 것을 워너 브러더스 디스커버리가 처음으로 인식했고, 디즈니도 스트리밍 라이브러리 규모를 줄이기 시작한 것이다.

이제 서비스 통합을 통한 비용 절감은 스트리밍 서비스업체의 필수 의사 결정이 되어가고 있다. 워너 브러더스 디스커버리는 산하 스트리밍 서비스를 '맥스'로 통합했다. 다큐멘터리 위주의 디스커버리+도 맥스에서 구독하는 것으로 바뀌었다. CNN+는 CNN 맥스로 재탄생하는데, 역시 스트리밍 서비스 맥스에서 볼 수 있다. 최종 스트리밍 서비스명에 미드를 상징하는 HBO까지 빼버린 게 눈에 띈다. 디즈니도 자체 보유한 스트리밍 서비스 디즈니+와 훌루를 통합한 앱을 출시하기로 했고, 파라마운트도 자체 스트리밍 서비스(파라마운트+ 쇼타임)를 통합했다.

## 할리우드 모델의 효력

2023년은 할리우드를 대표하는 워너 브러더스와 월트 디즈니가 창립된 지 꼭 100주년을 맞이하는 해다. 할리우드 모델은 위험천만한 흥행 비즈니스의 평균 타율을 유지하도록 시대 변화에 따라 끊임없이 변신해왔다.

건국대학교 영상영화학과 송낙원 교수의 연구에 따르면, 2000년대 들어 할리우드 시스템은 원 소스 멀티유즈 전략으

할리우드 모델을 대표하는 디즈니와 파라마운트는 2023년 100주년을 맞았다.

로 한층 고도화한다. 대형 블록버스터 영화 한 편을 다양한 윈도window•에서 상영하고 다양한 부가 상품으로 가공·판매해 최대 수익을 올리는 방법까지 찾았다. 배급과 극장의 수직 계열화로 수익을 냈던 할리우드 고전 영화 시기와는 다른, 한층 고도화한 이윤 창출 시스템을 '포스트 할리우드' 시스템이라고 한다.

포스트 할리우드 시대의 미국 영화 산업은 여러 개의 가치 사슬로 연결되어 이윤을 창출하는데, 여러 엔터테인먼트 기업이 거대 미디어 그룹의 네트워크로 묶여 차원이 다른 수직 통합화를 이뤄낸 것이 특징이다. 월트 디즈니의 전략 메모가 잘 보여주듯 할리우드 스튜디오들은 영화를 중심으로 TV

• 영화를 배급 스케줄에 따라 각기 다른 플랫폼에서 상영하는 것을 지칭하는 영화 마케팅 용어.

방송, 온라인 비디오 스트리밍과 VOD를 포함한 비디오 렌털 시장, 뮤직비디오, 대중소설, 코믹 북, 음반, 게임, 장난감과 테마파크에 이르는 고도의 가치 사슬 체계를 만들어냈다.

미국 전통의 엔터테인먼트 그룹은 세계 누구도 감히 따라하기 어려운 기업 시스템을 갖추고도 스트리밍 전쟁에서는 승리하지 못하고 있다. 2021년 3월 주당 197.16달러이던 디즈니의 주가는 2023년 9월 8일 81.58달러까지 떨어져 2014년 10월 이후 최저치를 기록하기도 했다. 재슬러브가 진두지휘한 워너 브러더스 디스커버리의 주가도 10~12달러 선으로 1년 내내 제자리걸음을 하고 있다.

할리우드 모델의 영향력이 줄어든 주요인은 콘텐츠 유통 채널의 위력이 예전 같지 않기 때문일 것이다. 코로나19 팬데믹을 거치며 전 세계의 수많은 영화관이 일시적으로 문을 닫거나 운영에 필요한 고정비용을 감당하지 못하고 폐점되었다.

2020년 3월 세계 최대 영화 시장인 미국의 멀티플렉스업계 1위 기업 AMC와 2위인 리갈 시네마는 '무기한 영업 중단'을 선언했는데, 1·2위 브랜드의 갑작스러운 영업 중단 선언 이후 미국 수십 개 상영관은 끝내 다시 문을 열지 못했다.

2023년에는 다행히 영화 〈오펜하이머Oppenheimer〉, 〈바비Barbie〉, 〈미션 임파서블: 데드 레코닝 파트 원Mission: Impossible

Dead Reckoning-PART ONE〉 등이 개봉하면서 멀티플렉스 운영 회사의 입장권 수입이 큰 폭으로 늘어났지만, 스트리밍 서비스의 성장과 변화하는 소비자 행동에 할리우드 스튜디오가 완벽하게 적응한 것은 아니다.

그렇다면 할리우드 스튜디오의 제작 권력은 어떨까? 사실 1990년대 전후 일본 기업이 사업 다각화 차원에서 할리우드 스튜디오를 마구 사들인 적이 있다. 1989년 소니가 재정난에 허덕이던 컬럼비아 픽처스를 매입했는데, 지금도 컬럼비아 픽처스는 소니 산하 계열사다.

1990년 일본의 전자 제품 회사 마쓰시타(마쓰시타·나쇼날·파나소닉·JVC 보유)도 유니버설 스튜디오 등을 소유한 MCA를 인수했다가 5년 만에 다시 매각한 적이 있다. 캐나다의 가족 경영 회사 시그램Seagram도 유니버설 스튜디오의 모회사인 MCA를 인수했다가 2000년에 프랑스의 거대 미디어 기업 비방디Vivendi에 되팔기도 했다.

이처럼 할리우드 스튜디오들은 여러 차례 경영난에 처한 적은 있었지만 스토리 제작이라는 특출한 영역에서는 위협받아본 적이 별로 없다. 돈 많은 회사들이 할리우드 스튜디오를 사들여도 할리우드가 오랜 세월 만들어온 제작 시스템까지 바꾸지는 않았다. 지상파, 케이블, 위성 등 신기술이 등장해도 새 미디어 회사들은 할리우드 스튜디오의 제작 역량에 기대어 시청률을 확보해왔다.

그런데 실리콘밸리 모델의 위협은 차원이 다르다. 해외에서 드라마를 대규모로 제작해 오거나(넷플릭스), 프로페셔널 제작 인력이 아닌 아마추어를 대거 동원해 맞춤형으로 동영상을 제공하는(유튜브와 틱톡 등) 방법으로 할리우드 모델의 제작 경쟁력을 근본적으로 뒤흔들고 있다.

게다가 애플이나 아마존, 쿠팡은 스토리 제작에 투자하고도 바로 수익을 기대하지 않는, 자본의 상식에 어긋나는 희한한 계산법으로 움직여 할리우드의 좌절감이 커지고 있다. 실리콘밸리 모델을 하나씩 파헤쳐보면 이 모델이 할리우드 모델에는 실로 가공할 만한 위협이라는 것을 가늠할 수 있을 것이다.

# 3
# CHAPTER

# 스트리밍 3년 전쟁의 승자

## 넷플릭스, 기술 위에 쌓아올린 스토리 제국의 전략

2022년 주가 대폭락을 기록하고 구독자 이탈이 심화하는 등 넷플릭스는 전례 없는 위기를 맞이한다. 하지만 팬데믹과 함께 시작된 스트리밍 3년 전쟁의 승자는 단연 넷플릭스였다. 화려한 콘텐츠 라인업만으로 제압할 수 없었던 넷플릭스 경쟁력의 토대는 과연 무엇이었을까.

# 역사상 최초의 스토리 제국을 세우다

"우리의 첫 25년이 무척 자랑스럽고 다음 25년이 무척 기대됩니다."

2023년 1월 넷플릭스는 깜짝 놀랄 만한 소식을 전했다. 리드 헤이스팅스 넷플릭스 창업자 겸 공동 CEO가 회사를 창립한 지 25년 5개월 만에 자리에서 물러나 이사회 회장이 된다는 소식이었다.

1997년 미국 캘리포니아주 작은 도시 스콧밸리에서 우편

DVD 배송업체로 출발한 넷플릭스는 전 세계 2억 3,000명이 넘는 유료 가입자를 보유한 세계 최대 스트리밍업체로 발돋움했다.* 명예롭게 물러나는 이 창업자의 퇴진에 많은 사람이 존경의 표시를 아끼지 않았다.

넷플릭스는 국제적으로 콘텐츠를 생산하고 수급하며 유통하는 세계 최초의 기업이다. 월트 디즈니 컴퍼니 등 할리우드 유명 스튜디오도 해외에 지사를 세우는 등 국제화를 도모하기는 했지만, 넷플릭스처럼 190개국에 진출해 한날한시에 오리지널 드라마를 높은 수준의 현지 자막과 함께 제공하는 수준까지는 아니었다.

게다가 넷플릭스는 전 세계에서 콘텐츠를 조달하는 체계도 정교하게 갖춰나가고 있다. 다른 나라에 일방적으로 콘텐츠를 공급하는 것이 아니라 다른 나라의 콘텐츠를 수급해 전 세계에 배급하는 역할도 한다.

유럽(런던·마드리드), 아시아(서울·도쿄·뭄바이), 북미(토론

* 1997년 온라인 DVD 대여업체로 출발한 넷플릭스의 사업은 순항하고 있었다. 온라인으로 DVD를 주문하는 회원 수가 2002년 70만 명, 2005년 360만 명에 달했다. 그러나 넷플릭스는 자신의 핵심 사업마저 와해시키며 2007년 스트리밍 서비스를 출시한다. 넷플릭스는 할리우드 스튜디오의 견제로 콘텐츠 수급에 어려움을 겪자 직접 오리지널 드라마 제작에 나섰다. 2013년 넷플릭스가 제작한 정치 드라마 〈하우스 오브 카드〉는 큰 성공을 거둔다.

2016년 1월 세계 최대 정보 기술 전시회 CES의 기조연설에서 리드 헤이스팅스 넷플릭스 창업자 겸 당시 CEO가 글로벌 텔레비전의 탄생에 대해 이야기하고 있다.

토), 남미(멕시코시티·리우데자네이루) 곳곳에 프로덕션 허브 또는 버추얼 프로덕션 스튜디오를 만들어 현지 제작 콘텐츠를 조달하기도 한다. 주요 도시에 스토리 제작 기지를 세운 것은 역대 콘텐츠 왕국과는 차원이 다른 행보다. 넷플릭스를 역사상 최초의 스토리 제국이라고 평가하는 이유다.

## 눈 깜짝할 사이에 190개국에 진출

**"오늘 우리가 여기 CES 무대에 있는 동안, 넷플릭스는 아제르바이잔, 베트남, 인도, 나이지리아, 폴란드, 러시아, 사우디아라비아, 싱가포르, 대한민국, 튀르키예, 인도네시아를 포함한 130개국에서 서비스를 개시하게 되었습니다. 지금 여러분은 글로벌 텔레비전 네트워크의 탄생을 목도하고 있습니다."**

2016년 1월 세계 최대 정보 기술 전시회 CES의 기조연설에 나선 리드 헤이스팅스의 발표는 귀를 의심케 할 만했다. 글로벌 진출이 동네 외출하는 것도 아닐 텐데 빠른 속도로 해외에 진출했기 때문이다.

2007년 넷플릭스가 미국 소비자를 대상으로 첫 스트리밍 서비스를 선보인 후 2010년 캐나다, 2011년 중남미(브라질·아르헨티나·칠레·페루·멕시코 등), 2012년과 2013년 일부 유럽(영국·아일랜드·덴마크·스칸디나비아 등), 2015년 호주, 뉴질랜드, 일본에 진출했다. 그리고 2016년 서비스 가능 지역을 대거 추가해 190여 개국에서 넷플릭스 서비스를 제공한다고 밝힌 것이다.

이제 넷플릭스가 서비스를 제공하지 않는 나라는 중국, 크림반도, 북한, 러시아, 시리아 등 손가락으로 꼽을 정도다. 참고로 넷플릭스는 우크라이나 전쟁이 발발한 직후 러시아 시장에서 철수했다.

『글로벌 미디어 공룡들의 전쟁』을 쓴 이창훈은 "방송은 문화·언어적 장벽, 정책 규제 등 복합적인 이유로 글로벌 미디어 기업이 (해당 국가에서) 주류가 되지 못했다"면서 "넷플릭스는 미국과 영국, 호주 등 영미권은 물론 유럽, 남미 스트리밍 시장에서 압도적인 점유율을 확보한 최초의 글로벌 미디어 기업"이라고 평가했다.

오스트리아 경제학자 조지프 슘페터Joseph Schumpeter는 새로운 제품을 발명하거나 새로운 시장을 개척하거나 비용이 적게 드는 새로운 생산법을 찾아내는 일을 모두 '혁신'으로 보았다.* 이 설명에 꼭 맞는 기업이 넷플릭스다. 넷플릭스는 남들이 시기상조라고 비웃을 때 스트리밍 서비스(새 제품)를 만들었고 190개국(새 시장)에 진출했으며, 세계 곳곳에 프로덕션 허브를 개설(새 생산법)해 오리지널 시리즈를 제작하고 있다.

## 넷플릭스의 세계화를 떠받치는 4개의 기둥

넷플릭스가 2010년 미국에서 가까운 캐나다를 해외 진출을 위한 시험 무대로 삼은 후 불과 5년 남짓 만에 190개국으로 뻗어나간 비결은 무엇이었을까. 넷플릭스가 선제적으로 투자해온 기술 기반을 이해하지 않고는 넷플릭스 세계화의 비밀을 알 수 없다. 넷플릭스가 투자한 기술과 방향을 찬찬히 이해하면, 현대 디지털 제국을 만드는 필수 요건이 무엇인지도 확인하게 된다.

### ① 클라우드

이 스토리 제국을 떠받치는 첫 번째 기둥은 클라우드다.

• 조지프 슘페터는 기업가 정신의 본질은 혁신이며, 기업가의 혁신이 자본주의의 원동력이라고 보았다.

아마존 웹 서비스를 운영하는 아마존 데이터 센터의 모습. 넷플릭스는 2008년 자체 데이터 센터 사고를 겪은 후 아마존으로 데이터를 이전했다.

앞서 지적했듯 오늘날 클라우드에 기대지 않고 글로벌 비즈니스 전략을 세울 수 없다. 클라우드란 인터넷으로 컴퓨터 자원(서버·스토리지·소프트웨어 등)을 빌려 쓰고, 쓴 만큼 비용을 지불하는 기술이다. 지금은 기업에서 클라우드를 쓰는 것이 당연하게 여겨지지만, 넷플릭스의 결정은 한참 빨랐다.

넷플릭스는 2008년 자체 데이터 센터에서 아마존의 클라우드 서비스로 데이터를 이전하기로 결정한다. 넷플릭스 자체 데이터 센터가 먹통이 되는 바람에 3일 동안 DVD를 발송하지 못하는 '재앙'을 겪은 것이 계기였다. 넷플릭스는 DVD를 우편으로 배송하는 회사로 출발했고 2008년에도 DVD 우편 배송업을 하고 있었다.

넷플릭스가 190여 개국에 동시다발적으로 진출하는 대장정은 바로 이때부터 시작되었다고 할 수 있다. 새로운 국가에 진출할 때마다 클라우드 용량을 늘려 서비스 규모를 쉽게 확장할 수 있었기 때문이다. 만약 넷플릭스가 클라우드를 사용하지 않았다면, 세계화를 빠르게 진행할 수 없었을 것이다. 급격히 성장한 넷플릭스는 매년 클라우드 사용료로만 아마존에 최소 5억 달러(약 5,700억 원)가 넘는 돈을 지불하고 있다.

### ② 마이크로 서비스

넷플릭스의 해외 진출이 클라우드 도입과 함께 시작된 이유는 또 있다. 넷플릭스 개발자들이 클라우드로 데이터를 이전하면서 개발 방법론을 완전히 바꿨다. 이때부터 넷플릭스는 단일한 거대 시스템을 개발하는 대신, 작은 서비스를 개발해 서로 연결하는 프로세스를 도입했다. 전문용어로는 '마이크로 서비스micro service'라고 하는데, 이것이 이 스토리 제국의 두 번째 기둥이다.

거대한 단일 시스템은 시스템을 구성하는 일부만 고장 나도 전체가 무너진다. 그러나 회원 가입, 결제, 재생 버튼 등 소규모 서비스로 쪼개 일종의 모듈 형태로 개발해 서로 연결하면, 개발 속도도 빠르고 작은 오류가 전체 시스템에 주는 악영향도 크게 줄일 수 있다.

2017년 기준으로 넷플릭스 서비스는 700여 개 마이크로 서비스의 집합체다. 이 마이크로 서비스들은 API Application Programming Interface(컴퓨터 혹은 소프트웨어를 연결하기 위한 언어나 메시지 양식)로 연결되어 있다. 하나로 통합된 데이터베이스 대신 서비스에 따라 분할된 여러 개의 데이터베이스를 사용하는 것도 넷플릭스 서비스의 특징이다.

넷플릭스 개발 팀도 소규모로 운영한다. 실리콘밸리에는 피자 한 판 이상을 시켜야 하는 큰 팀을 둬서는 안 된다는 말이 있다. 팀이 커지면 팀원의 업무를 명확히 정의하기 힘들고 낭비 인력이 생기며, 오피스 정치 현상도 나타나기 때문이다.

### ③ 어댑티브

넷플릭스 세계화의 세 번째 기둥은 환경에 적응하는 기술이라는 뜻인 '어댑티브adaptive' 기술이다. 전 세계 사용자가 가진 기기는 천차만별이고 인터넷 환경도 각기 다르다.

사용자는 넷플릭스가 제공하는 드라마를 10인치 태블릿에서 볼 수도 있고 55인치 대형 TV에서 볼 수도 있다. 또 초당 3메가바이트의 인터넷 환경에서 접속할 수도 있고 초당

100메가바이트의 인터넷 환경에서 접속할 수도 있다. 넷플릭스의 강점은 수많은 변수를 탓하며 시장 확대를 주저하는 것이 아니라 숱한 변수를 기술로 제어하는 것이다.

'어댑티브 스트리밍adaptive streaming'은 사용자의 기기 특성과 인터넷 데이터 속도에 맞게 적절한 수준의 화질로 자동 전송해주는 넷플릭스의 핵심 비디오 전송 기술이다. 120가지가 넘는 영상을 인코딩(압축)해두고 사용자의 대역폭과 기기에 알맞은 압축 파일을 자동 선택해 스트리밍(재생)해준다.

넷플릭스는 동영상을 전송할 때 네트워크가 과부하되는 문제를 해결하기 위해 '오픈 커넥트 어플라이언스Open Connect Appliances'라는 장비도 자체적으로 만들었다. 해당 지역 사용자가 자주 찾는 콘텐츠 데이터를 각국 데이터 센터의 오픈 커넥트 어플라이언스에 미리 보내 저장해두는 것이다. 이렇게 하면 먼 거리에서 데이터를 전송하는 비용도 절감하고 네트워크 병목현상도 줄일 수 있다.

예를 들어 한국의 오픈 커넥트 어플라이언스에는 〈더 글로리〉, 〈이상한 변호사 우영우〉, 〈재벌집 막내아들〉 등을 미리 전송해두는 것이다. 넷플릭스는 전 세계 1,000여 곳에 오픈 커넥트 장비를 설치해둔 것으로 알려져 있다.

### ④ 데이터 활용

넷플릭스 해외 진출의 네 번째 기둥은 똑똑한 데이터 활용이다. 넷플릭스 사용자의 취향은 각기 다르다. 누구에게나 똑같은 영화 목록 화면을 보여줬다면 넷플릭스는 결코 제국으로 성장하지 못했을 것이다. 넷플릭스는 수많은 데이터를 분석해 영화와 드라마를 추천하는 알고리즘 '시네매치Cinematch'를 고도화해왔다.

넷플릭스는 시네매치의 성능을 개선하기 위해 대회까지 열었다. 2006~2009년 매년 100만 달러(약 12억 원)의 상금을 걸고 '넷플릭스 프라이즈'라는 인공지능 대회를 개최했는데, 지금은 '딥 러닝deep learning의 대부'라 불리는 제프리 힌턴Geoffrey Hinton 당시 토론토대학교 교수도 넷플릭스 프라이즈 대회에 참가했다. 제프리 교수는 챗GPT를 만든 오픈AI의 일리야 수츠케버Ilya Sutskever 최고과학자의 스승이기도 하다.

넷플릭스가 2011년 〈하우스 오브 카드House of Cards〉 시즌 1 제작에 1억 달러(약 1,170억 원)를 투자하기로 결정할 수 있었던 것도 데이터 분석력 덕분이었다. 넷플릭스 데이터 분석자들은 데이비드 핀처David Fincher가 감독하고 케빈 스페이시Kevin Spacey가 주연을 맡아 영국에서 흥행한 〈하우스 오브 카드〉를 리메이크하면 흥행할 가능성이 있다고 판단했다. 2013년 공개된 〈하우스 오브 카드〉는 대히트를 기록하고 넷플릭스가 오리지널 드라마 제작사로 거듭나는 결정적인 계기가 되었다.

넷플릭스는 DVD 우편 대여업을 할 때부터 데이터를 잘 관리하는 기업이었다. 당시 넷플릭스는 '플렉스 파일'이라는 정교한 프로그램을 사용했는데, 이 프로그램을 통해 고객 획득 비용, 고객 생애 가치, 신규 가입자 수를 일일이 계산해 영업에 활용했다.

넷플릭스 서비스는 복잡하고 역동적이며 유기적인 거대한 체계다.• 이 거대한 체계의 뼈대는 앞서 언급한 4개의 기술 기둥이다. 헤이스팅스 회장은 넷플릭스를 '기술 위에 쌓아 올린 엔터테인먼트 회사'라고 설명한다.

## 글로컬 드라마 시대

〈오징어 게임〉이나 〈종이의 집〉처럼 지역색이 강하지만 세계

• 호주 멜버른의 RMT대학교 미디어 커뮤니케이션 전공 교수 라몬 로바토는 『넷플릭스 세계화의 비밀』에서 '넷플릭스는 하드웨어와 소프트웨어 기술과 인프라, 개방 및 폐쇄적 지식 체계, 그리고 공공 및 민간투자에 의존하는 수백 가지 다른 소프트웨어 프로세스로 이루어진 복잡하고 역동적이며 유기적 통합 체계meta system'라고 결론 내렸다.

적으로 인기 많은 '글로컬global+local 드라마'가 속속 탄생하는 등 혜성같이 등장한 넷플릭스 덕분에 영화와 드라마를 만들고 보는 방법이 크게 달라졌다.

영국 잡지 《이코노미스트》는 "유럽연합EU의 24개 공식 통·번역 제공 언어에도 포함되지 않을 정도로 사용자가 적은 룩셈부르크어로 만든 경찰 드라마 〈카피타니〉가 넷플릭스 덕분에 탄생했다"면서 "자막 서비스를 제공하는 넷플릭스가 유럽 공통 문화를 만들었다"고 평가했다.

지역색을 강조한 예는 또 있다. 인도에 '발리우드'가 있다면, 아프리카 서부의 연방 공화국 나이지리아에는 '날리우드 Nollywood'가 있다. 2022년 나이지리아 스릴러 영화 〈리빙 인 본디지Living in Bondage〉, 2023년 〈더 블랙 북The Black Book〉은 넷플릭스 영화 순위 차트의 상위권에 랭크된 대표적인 작품이다. 나이지리아 경찰의 부조리와 잔혹성을 전한 〈더 블랙 북〉은 '흑인 배우, 흑인 제작자, 흑인 머니' 100%로 만든 영화인데, 넷플릭스를 통해 글로벌 블록버스터가 되었다.[••] 넷플릭스 대변인은 "사하라 사막 이남 아프리카의 현지 이야기를 담는 것이 우리의 목표"라고 말했다.[•••]

•• 2023년 10월 22일 기준 아프리카 대륙의 스트리밍 주문형 비디오SVOD 가입자는 2022년 800만 명에서 2023년 1,800만 명으로 늘어난 것으로 보인다.

온라인을 통해 전 세계 동시 개봉하는 드라마와 영화가 늘면서 한국에서 막장 드라마 제작 비중이 줄고 있다는 분석도 나온다. 김장 김치를 패대기치며 극한의 고부 갈등을 묘사하는 막장 드라마가 전 세계적 공감을 얻기는 어렵기 때문이다. 대신 넷플릭스에서 절찬리에 방영된 〈킹덤〉처럼 조선 시대를 배경으로 하면서도 '좀비'라는 글로벌 코드를 더해 국제적 상품성을 높이기도 한다.

제작 환경도 크게 달라졌다. 각국의 자국 방송사 영향력이 크게 약해졌다. 한국의 경우 기존 방송사가 넷플릭스와 유튜브 때문에 시청자 기반을 급속도로 잃은 반면, 하도급이라는 악순환의 굴레에서 좀처럼 빠져나오지 못했던 실력파 독립 프로덕션(소규모 드라마 제작사)이 넷플릭스 오리지널을 만들면서 새로운 판의 중심으로 부상하고 있다.

에이스토리A Story는 2019년 넷플릭스 아시아 지역 첫 오리지널 드라마 〈킹덤〉을 제작해 'K 드라마' 시대를 열었고 싸이런픽쳐스Siren Pictures는 드라마 〈오징어 게임〉을 내놓아 넷플릭스 최고의 시청 기록을 썼다. 용필름은 넷플릭스 드라마 〈콜〉, 〈20세기 소녀〉를, 클라이맥스 스튜디오는 〈지옥〉, 〈D.P.〉를,

••• 「Hit Netflix Thriller Examining Justice in Nigeria, Boon for Nollywood」, *VOA*, 2023. 10. 22.

시작컴퍼니는 〈솔로지옥 1〉, 〈솔로지옥 2〉, 〈열아홉 스물〉등을 제작해 이름을 알렸다.

# 팬데믹 이후 새로운 국면

넷플릭스가 2017년 3분기 전 세계 유료 가입자 수 1억 명 고지에 오르고 3여 년 만인 2020년 4분기 2억 명을 돌파했을 때, 이 혁신 기업에 대한 찬사와 기대가 이어졌다. 당시 코로나19 바이러스로 팬데믹이 발발했기 때문에 넷플릭스 가입자 수가 5억 명까지 늘어날 수 있다는 장밋빛 전망이 나왔다.

전통 미디어·엔터테인먼트 기업이 '서서히 끓는 냄비 속 개구리'였다면 죽는 줄도 모르고 냄비 안에 잠자코 있었을 것이다. 전대미문의 감염병 확산은 펄펄 끓는 물에 들어간 개구리처럼 전통 미디어 기업을 각성시켰고, 이들은 죽기 살기로 스트리밍 전쟁에 뛰어들었다. 디즈니, 애플, 컴캐스트, 워너브러더스, 파라마운트 등이 일제히 스트리밍 서비스를 내놓으며 지독한 출혈경쟁이 시작되었다.

## 코로나와 함께 시작된 치킨 게임

2022년이 되자 넷플릭스를 칭송하던 월가의 애널리스트들은 싸늘하게 돌변했다. 2022년 1분기 유료 가입자 수는 전 분기보다 20만 명 감소했는데, 이는 넷플릭스가 스트리밍 서비스를 시작한 지 11년 만에 처음 있는 일이었다. 실적을 발표한 다음 날(현지 시각 2022년 4월 19일) 넷플릭스 주가는 약 25%나 빠지는 대폭락을 기록했다. 넷플릭스 주가는 드라마 〈오징어 게임〉 호재에 힘입어 2021년 10월 700달러까지 돌파했다가 2022년 5월 160달러 수준까지 곤두박질쳤다.

이 스토리 제국의 최대 약점은 매출의 99%가 구독료에서 나오는 한 바퀴로 굴러가는 회사라는 점이었다. 애널리스트들은 유료 구독자 수 감소는 넷플릭스의 지속 성장에 의문부

호를 붙인 일대 사건이라고 평가했다. '구독자 수 감소 → 주가 하락 → 콘텐츠 투자 감소 → 구독자 수 감소'라는 악순환에 빠질 수 있기 때문이다. 넷플릭스가 언제든 탈퇴와 가입을 자유롭게 할 수 있다고 홍보한 대로 '체리 피커cherry picker(자신의 실속만 챙기는 소비자)'형 가입자는 '몰아서 시청하기'를 끝낸 후 매정하게 서비스 '해지하기' 버튼을 누르기 일쑤였다.

스트리밍 서비스의 출혈경쟁은 끝이 없는 듯 보였다. 대부분 콘텐츠 구입·제작 비용이 올랐는데, 특히 100회 이상 에피소드 방송 프로그램의 가격이 가파르게 상승했다. 시트콤 장르는 가입자를 오랫동안 묶어두는 효과가 큰데, 넷플릭스는 미국 시트콤 〈사인필드〉를 5년간 독점 방영하기 위해 수억 달러를 써야 했다. 〈사인필드〉는 1989년부터 1998년까지 9시즌까지 방영되었고, 총 180부작 에피소드로 구성되어 있다.

'젊은 워런 버핏'으로 불리는 유명 투자자 빌 애크먼Bill Ackman 퍼싱스퀘어 회장이 2022년 1월, 11억 달러어치(약 1조 3,226억 원)의 넷플릭스 주식 310만 주를 저점에 매수했다가 3개월 만에 전량 처분하는 일도 있었다. 그는 넷플릭스 손절매loss cut(손해를 감수하고 주식을 파는 것)만으로 약 4억 3,000만 달러(약 5,321억 원) 이상 손해를 본 것으로 추정된다.

2022년 말이 되자 월가 투자은행 니덤Needham에서 미디어

업종을 담당하는 로라 마틴 애널리스트는 넷플릭스에 대해 “인수되는 것 말고는 답이 없다”는 싸늘한 분석을 내놓았다. 넷플릭스에는 스포츠 중계도, 뉴스도, 전 세계적인 제휴나 번들 상품으로 판매할 수 있는 자매 법인도, 검색으로 돈을 벌어다주는 자회사도 없다는 이유였다.

## 드디어 나온 광고 요금제

**“광고 지원 전략을 채택하지 않은 것은 제 실수였습니다.”**

2022년 12월 리드 헤이스팅스 넷플릭스 당시 CEO는《뉴욕타임스》가 주최한 ‘딜북 서밋’에서 이렇게 말했다. 그동안 헤이스팅스는 “광고는 금기”라면서 광고를 제공하는 대신 낮은 요금을 채택하는 것을 꺼렸다. 2020년에도 “구독 경험을 해칠 수 있다”라며 광고 요금제 도입에 부정적인 태도로 일관했다.

하지만 2022년 첫 가입자 감소 사태를 겪은 후 헤이스팅스는 광고에 대한 입장을 180도 바꾸었는데, 이날 헤이스팅스는 자신이 결정을 바꾼 이유에 대해 소상히 털어놓았다.

헤이스팅스는 “18~49세 이용자가 (스트리밍 서비스로) 이

동해 선형 TVLinear TV•를 시청하고 있지 않기 때문에 시청자를 찾지 못한 TV 광고가 많다는 걸 이해하지 못했다"라며 "우리는 광고 수익를 훔칠 필요가 없으며 TV에 이미 많은 광고가 쏟아지고 있었다"라고 강조했다.

그동안 넷플릭스는 1~2년에 한 번씩 요금을 올리는 것으로 수익 기반을 확대해왔다. 미국 기준 넷플릭스 스탠더드 요금은 애초 월 7.99달러(약 1만 원)에서 2022년 15.49달러(약 2만 원)까지 올랐다. 2022년 넷플릭스가 단행한 요금 인상은 사용자의 거센 저항에 부딪혔는데, 월간 활성 이탈률이 평균 1.8~2.5%에서 3.5~4%까지 치솟았다. 이는 넷플릭스가 광고 요금제 출시를 더욱 서두르는 배경이 되었다.

2022년 11월, 마침내 넷플릭스가 미국을 포함한 12개 국가에 광고형 베이식 요금제Basic with Ads를 6.99달러(약 9,200원)에 내놓았다. 한국에 출시한 광고 요금제 가격은 월 5,500원이었다.

광고 요금제는 저렴한 대신, 스마트폰이나 태블릿에 영상

• 전통적인 텔레비전 방송 형태를 의미한다. 고정된 스케줄에 따라 프로그램이 방송되며, 시청자는 해당 프로그램을 그 시간에 특정 채널에서만 시청할 수 있다. 예를 들어 뉴스 프로그램이 오후 6시에 방송된다면, 시청자는 그 시간에 해당 채널을 틀어야 그 뉴스를 시청할 수 있다.

| Plan Features | Basic with Ads | Basic | Standard | Premium |
|---|---|---|---|---|
| Monthly Price (USD) | $6.99 | $9.99 | $15.49 | $19.99 |
| Resolution | 720p HD | 720p HD | 1080p HD | 4K+HDR |
| Watch on Your Laptop, TV, Phone, and Tablet | ✓ | ✓ | ✓ | ✓ |
| Easy Change or Cancel | ✓ | ✓ | ✓ | ✓ |
| Downloads | | ✓ | ✓ | ✓ |
| Ads | ✓ | | | |

광고 도입을 극렬하게 반대하던 넷플릭스가 내놓은 베이식 요금제.

을 저장(다운로드)하는 기능을 제공하지 않으며, 시간당 4분 정도 광고를 시청해야 한다. 시간당 30초 광고를 대략 여덟 번 보는 셈이 되는데, 사용자는 이 광고를 건너뛰기 할 수 없다.

또 광고 요금제를 선택하면 사용자는 성별, 생년월일 등을 넷플릭스에 제공해야 하며, 넷플릭스는 개인 인터넷 주소IP를 기반으로 한 위치 정보 등을 수집하게 된다. 넷플릭스는 성별과 나이를 감안한 맞춤형 광고를 내보낼 계획이라고 한다.

넷플릭스는 광고 요금제 외에도 특유의 소비자 우호 정책에도 중대한 변화를 꾀했다. 가령 넷플릭스는 2021년 말부터 드라마 시즌별 '일시 공개' 원칙도 유연하게 적용하기 시작해 〈종이의 집 5〉를 2021년 9월과 12월에 나눠 공개했고 〈기묘한 이야기 4〉도 2022년 5월과 7월에 나눠 공개했다. 직접 투자한 오리지널 시리즈에 대해서는 시즌별로 모든 회차를 한 번에 공개해 '빈지 워칭binge watching(몰아 보기 시청)', '정주행' 등 몰아 보기 시청을 유행시킨 넷플릭스가 달라진 것이다.

최근 넷플릭스는 거액의 제작비가 투입되고 제작 기간이 긴 드라마 시리즈나 영화뿐 아니라 제작비가 상대적으로 저렴한 예능도 대폭 강화하고 있다. 한국 기획사가 제작하고 넷플릭스에서 공개한 대표적인 예능 프로그램으로는 〈솔로지옥〉 시리즈가 있다.

2023년 5월부터 넷플릭스는 미국 시장에서 구독자들의 계정 공유도 막았다. 같은 가구 구성원이 아닌 사람을 추가하려면 한 달에 약 7.99달러(약 1만 500원)를 더 내야 한다. 미국 구독 서비스 분석 회사 안테나Antenna는 2023년 5월 말에서 6월까지 넷플릭스의 신규 구독자 수(전 세계 기준)를 590만 건으로 집계하고 광고 요금제와 계정 공유 금지 조치가 효과를 본 것으로 평가했다.

이제 넷플릭스는 '구독'이라는 바퀴 하나로 굴러가는 회사가 아니라 '구독과 광고' 두 바퀴로 굴러가는 회사가 되었다.

2023년 8월 현재 넷플릭스 주가는 빌 애크먼 회장이 매도한 가격의 2배 이상으로 올랐다. 애크먼 회장도 로라 마틴 애널리스트도 넷플릭스의 집요한 실행력을 얕보고 섣불리 주식을 팔거나 매도 의견을 낸 것이었다.

넷플릭스의 집요한 실행력에 대해 이호수 전 SK텔레콤 ICT 사업 총괄 사장이자 『넷플릭스 인사이트』 저자는 "EBS의 다큐멘터리 〈극한직업〉을 본 적이 있느냐. 넷플릭스 사람들은 꼭 그렇게 일한다"고 평가했다. 이를 두고 헤이스팅스는 뛰어난 인력을 뽑아 고액 연봉을 주면서 '인재 밀도'를 유지하는 것이라고 설명한다.•

## 넷플릭스의 승리가 의미하는 것

이제 스트리밍 전쟁의 승자가 누구인지 분명해졌다. 《할리우드 리포터》에 따르면, 2022년 4분기 기준으로 넷플릭스만 5

• 넷플릭스는 적당한 보수로 보통 수준의 능력을 갖춘 엔지니어를 10~25명 고용하는 방법과 거액을 주고 뛰어난 1명을 영입하는 방법 중 늘 후자를 택해왔다. 리드 헤이스팅스는 "최고의 인재를 영입하면 혁신의 속도를 높이고 직원 관리 비용도 줄일 수 있다"면서 이 같은 경영 방식을 '록 스타 원칙'이라고 불렀다.

**美 스트리밍 사업자 중 유일하게 흑자 낸 '넷플릭스'**

|  |  |
| --- | --- |
| ▶ 넷플릭스 | 5억 5,000만 달러 |
| ▶ 디즈니(디즈니+·훌루·ESPN+) | -11억 달러 |
| ▶ 컴캐스트(피콕) | -9억 7,800만 달러 |
| ▶ 파라마운트(파라마운트+·쇼타임) | -5억 7,500만 달러 |
| ▶ 워너 브러더스 디스커버리(HBO 맥스·디스커버리+) | -2억 1,700만 달러 |

출처: 각 사

억 5,000만 달러(약 7,000억 원)의 흑자가 났다. 아무리 훌륭한 지식재산권을 가진 사업자라도 천문학적인 손실을 피하지 못했다. 디즈니+, 훌루, ESPN+를 보유한 디즈니는 11억 달러(약 1조 4,377억 원)의 손실을 냈고 CEO까지 교체됐다.

피콕Peacock이라는 OTT 서비스를 보유한 컴캐스트는 9억

7,800만 달러(약 1조 3,000억 원) 적자를 기록했고 파라마운트+, 쇼타임을 서비스하는 파라마운트 글로벌 역시 5억 7,500만 달러(약 7,500억 원) 적자를 떠안았다. HBO 맥스, 디스커버리+를 서비스하는 워너 브러더스 디스커버리도 2억 1,700만 달러(약 3,000억 원) 적자를 면치 못했다.

클레이턴 크리스텐센Clayton Christensen 교수의 '파괴적 혁신' 이론대로 넷플릭스는 저가 제품으로 초과 만족을 만들어내 콘텐츠 사업의 패러다임을 바꿨다. 할리우드에서 '듣보잡' 취급을 받던 넷플릭스는 자의 반 타의 반으로 전 세계에서 콘텐츠를 수급하는 체계를 만들었다. 게다가 각종 기술에 투자한 덕분에 스트리밍 서비스 운용 비용도 경쟁사 대비 크게 낮출 수 있었다. 이렇게 하지 않으면 스트리밍 서비스로 돈을 벌 수 없다는 것을 출혈경쟁에 나섰던 회사들이 처절하게 깨닫고 있다.

넷플릭스의 성공은 지상파 방송과 케이블 방송의 종말이 다가왔음을 의미한다. 2022년 2분기 실적 발표 콘퍼런스 콜에서 당시 넷플릭스 CEO였던 리드 헤이스팅스는 "빠르면 5년, 늦어도 10년 안에 전통적인 TV 시대는 끝날 것"이라고 말했다. 여기서 언급한 전통적인 TV는 지상파 방송과 유료 케이블 방송을 뜻하는데, 헤이스팅스의 예언은 점점 현실이 되

미국 지상파·케이블 방송 시청 점유율

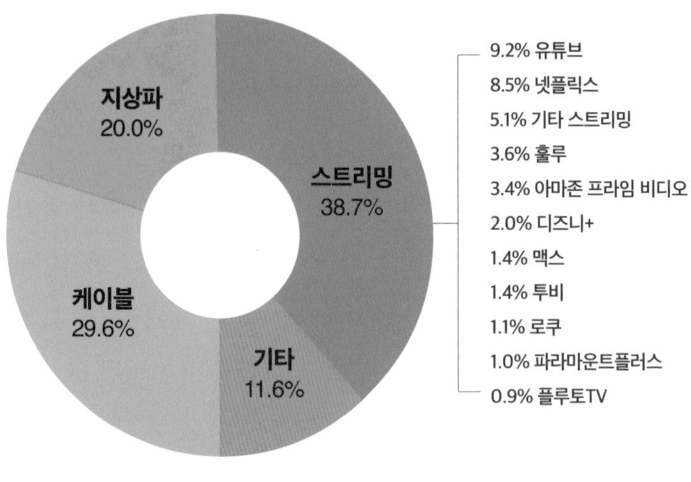


출처: 닐슨(2023)

어가고 있다.

미디어 전문 조사 기관 닐슨의 집계에 따르면, 2023년 7월 미국 지상파·케이블 방송의 시청 점유율이 처음으로 50% 아래로 떨어졌다.《월스트리트 저널》은 "지난 10년 사이 케이블 방송 사업자들은 가입자의 4분의 1을 잃었다"고 부연했다.

전선을 넓게 보면, 넷플릭스도 긴장을 늦출 수 없다. 구글이 유튜브와 유튜브TV를 통해 '빅 스크린'으로 진격하고, 아마존이 프라임 비디오로 파상 공세를 펼치고 있다. 넷플릭스도 올드 미디어가 너도나도 뛰어든 '스트리밍 3년 전쟁'에서 겨우 승리했을 뿐이다.

광고 요금제와 계정 공유 금지라는 넷플릭스의 두 가지 수익화 전략 중 더 중요한 것은 광고 요금제다. 넷플릭스가 광고 요금제를 기반으로 가입자 수를 극적으로 늘려 또 다른 수준의 규모의 경제를 만들 수 있을까.

리드 헤이스팅스가 퇴진하고 CCO 출신의 테드 서랜도스Ted Sarandos가 공동 CEO에 오르면서 넷플릭스 내에서 '콘텐츠 가이'의 목소리가 커지고 '테크 가이'의 퇴사가 이어졌다고 한다. 이런 경향 역시 넷플릭스의 장기 성장에 어떤 영향을 미칠지 주목해야 할 것이다.

# 4
# CHAPTER

# '광고 블랙홀' 알고리즘 공장의 출현

## 유튜브와 틱톡, 고객의 시간을 빼앗는 독보적 전술

전체 유튜브 시청 시간의 70%는 추천 알고리즘에서 나온다. 틱톡 사용자의 하루 평균 체류 시간은 95분이 넘는다. 유튜브와 틱톡은 고도화한 알고리즘으로 사용자의 시간을 무섭게 점령해가고 있다. 다른 테크 기업이나 스토리 기업이 따라할 수 없는 독보적인 무기를 보유한 셈이다.

# 롱테일 미디어 유튜브의 전략

2023년 4월 백상예술대상에서 유튜브 채널인 〈피식대학〉의 토크쇼 콘텐츠 '피식쇼'가 TV 부문 예능 작품상 수상작으로 선정되었다. 백상예술대상 역사상 웹 전용 콘텐츠로서는 처음으로 TV 부문 상을 수상한 것이다.

〈피식대학〉은 지상파 공채 개그맨 출신인 정재형, 김민수, 이용주가 시작한 유튜브 예능 채널로 구독자 수가 230만 명이 넘는다. 방탄소년단BTS의 RM과 축구 선수 손흥민, 영화

〈가디언즈 오브 갤럭시: Volume 3〉의 배우 크리스 프랫과 감독 제임스 건까지 초대하는 섭외력도 자랑하고 있다.

백상예술대상은 1965년 처음 개최된 시상식으로 TV, 영화, 연극을 아우르는 국내 유일 종합예술 시상식이다. 과거 지상파와 종편, 케이블 방송 프로그램을 대상으로 시상했으나, 제56회부터 스트리밍 콘텐츠를 포함했고, 2023년 개최된 제59회 백상예술대상에서는 지상파·종편·케이블·스트리밍 콘텐츠뿐 아니라 웹 콘텐츠까지 수상 범위를 넓혔다.

웹 예능 콘텐츠로 백상예술대상 첫 수상자가 된 〈피식대학〉의 정재형은 KBS와의 인터뷰에서 "사실 (플랫폼의) 경계가 무너진 지는 좀 됐다고 본다"면서 "모두가 각자의 방송국을 운영하는 광야가 열렸다는 점에서 전통 미디어와 뉴 미디어의 싸움이 아니라 그냥 각자의 싸움(경쟁)이다"라고 말했다.•

사실 1990년대 말까지만 해도 스토리 제작은 명백히 프로페셔널의 영역이었다. 텔레비전, 영화, 라디오, 신문, 잡지 등 해당 매체를 소유한 회사에 입사한 사람들에게 제작 기회가 주어졌다.

그러나 인터넷이라는 고속도로가 뚫리고 손쉬운 생산 도

• 「'피식대학', 웹 예능으로 백상을 거머쥐다」, KBS 뉴스, 2023. 5. 7.

〈피식대학〉의 '피식쇼'는 웹 예능 최초로 백상예술대상 작품상을 수상했다.

구가 등장해 대규모 수요와 공급을 창출하고 처리할 줄 아는 플랫폼 기업이 생겨나면서 일반 크리에이터가 주도하는 거대한 스토리 산업이 발흥하기 시작했다. 유튜브는 크리에이터가 활동할 무대를 만들어 스토리 시장에 진입해 이 세계의 제왕 중 하나가 되었다.

유튜브나 틱톡 등을 무대로 활약하는 크리에이터는 이른바 스낵형 콘텐츠를 만들어내는 데 귀재다. 넷플릭스가 1~2시간 동안 작정하고 감상하는 대작형 영상 콘텐츠 시장을 파고들었다면, 유튜브나 틱톡은 출퇴근길이나 잠들기 전 가벼운 마음으로 소비하는 스낵형 영상 콘텐츠 시장을 재편한 것이다. 거침없는 입담이나 기발한 아이디어, 남다른 센스로 무장한 개그맨들이 물 만난 물고기처럼 유튜브에서 크게 활약하는 이유다.

넷플릭스는 프로페셔널 제작자를 모아 오리지널 콘텐츠를 만들었기 때문에 막대한 예산이 필요했다. 반면 유튜브와 틱톡은 누구나 재능과 끼를 펼칠 수 있는 무대를 제공함으로써 콘텐츠 조달 비용을 사실상 제로로 만드는 방식으로 비즈니스를 설계했다.

유튜브와 틱톡은 그야말로 각양각색의 영상이 올라오는 '롱테일long tail' 미디어가 되었다. 80%의 사소한 다수가 20%의 핵심 소수보다 뛰어난 가치를 창출한다는 '롱테일 법칙'이 적용되는 플랫폼이기 때문이다. 가령 유튜브에서는 'OO전자 면접을 보고 왔습니다', '대형 마트에서 꼭 사야 하는 주방용품 10가지' 등 기존 TV나 라디오에서는 아이템으로 발제하기 어려웠던 아주 사소한 주제의 영상도 제작되고 높은 조회수를 얻으며 소비된다.

보통 롱테일 법칙을 '아마존에서는 창고에 묻혀 있던 구작이 새롭게 발견된다', '개인의 세분화된 수요를 충족시킬 수 있다' 등 긍정적으로만 설명하는데, 여기에는 중요한 전제가 빠져 있다. 바로 롱테일은 '공룡의 꼬리'라는 점이다. 엄청난

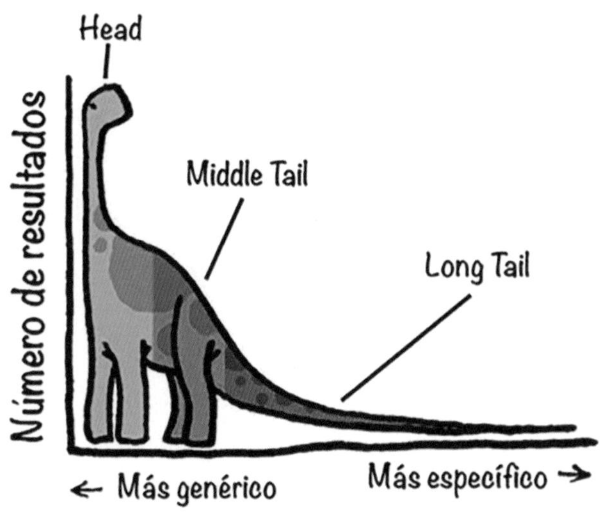


유튜브와 틱톡은 사소한 다수의 영상이 가치를 창출하는 전형적인 롱테일 미디어다.

규모의 수요와 공급을 동시에 창출해내는 공룡, 다시 말해 규모를 극단적으로 키운 플랫폼만이 롱테일 비즈니스를 할 수 있다.

게다가 규모를 키운 플랫폼을 매우 효율적으로 운용해야 한다. 2019년 기준으로도 유튜브에는 분당 500시간에 달하는 영상이 올라와 데이터 센터 서버 용량을 계속 증설하고 있다.

유튜브를 운영하는 구글은 독자적인 동영상 콘텐츠 인코딩 칩을 개발하기도 했다. 비디오 코딩 유닛Video Coding Units, VCUs이라고 불리는 이 칩은 기존 CPU보다 20~30배 빠르다고 한다. 인프라 운용을 효율화하는 데 실패하면 막대한 운영 비용으로 적자의 수렁에 빠질 수 있는데, 이것이 할리우드 모델 기업이 스트리밍 서비스에서 어려움을 겪는 지점이기도 하다.

# 알고리즘, 치명적인 시간 도둑

유튜브는 초창기부터 추천 알고리즘을 고도화하는 데 공을 들여왔다. 애초에 방대한 콘텐츠가 시시각각 올라오는 유튜브 편성표를 인간이 짠다는 것은 불가능한 일이었기 때문이다. 각양각색의 콘텐츠를 적재적소에 보여주기 위해서는 추천 알고리즘이 필수였다.*

2011년만 해도 유튜브 톱 랭킹 요소는 클릭과 조회 수였는데, 2012년에는 사용 시간이 훨씬 더 중요해졌다. 2015년부

유튜브 알고리즘 변천사

터는 시청자 만족도를 알고리즘에 추가했다고 한다.

모비인사이드에 따르면, 2010년만 해도 유튜브의 추천 알고리즘은 단순한 조회 수 중심의 알고리즘이었으나, 2016년부터는 사용자에게 후보 영상을 먼저 제안하고 이에 대한 사용자의 반응을 학습하는 머신 러닝 알고리즘으로 점점 더 정교하게 추천하는 쪽으로 바뀌었다.

최근 유튜버들은 "사용자가 채널을 구독했는지 여부보다

- 유튜브의 알고리즘 추천 시스템은 크게 콘텐츠 기반 필터링, 협업 필터링, 하이브리드 모델로 나뉜다. 콘텐츠 기반 필터링 시스템이란 뉴진스의 '하이프 보이Hype Boy' 뮤직비디오를 시청한 사람들에게는 뉴진스의 '하이프 보이' 라이브 공연을 추천해주는 것이다. 협업 기반 필터링은 사용자 A와 B가 해외 축구 영상을 꾸준히 봐왔다면, 사용자 A와 B의 취향이 비슷하다고 판단하고 A가 본 손흥민 영상을 B에게도 추천해주는 시스템이다. 하이브리드 추천 시스템은 신규 가입자에게는 콘텐츠 기반 필터링 기술로 추천하고 시청 이력이 쌓이면 협업 필터링 기술로 콘텐츠를 추천하는 시스템이다.

개별 영상의 퀄리티가 얼마나 좋은지에 따라 영상을 추천해 주는 쪽으로 알고리즘이 바뀌는 것 같다"라고 말한다.

'정밀 타격'이 가능한 알고리즘 기반의 큐레이션은 방송사 편성 PD들이 고심해서 만든 편성표[••]보다 월등한 효율을 발휘한다. 2019년 당시 닐 모한Neal Mohan 유튜브 CPO(최고 프로덕트 책임자)는 한 인터뷰에서 "유튜브 이용 시청 시간의 70%가 추천 알고리즘을 통해 발생한다"고 언급했다.

추천 알고리즘을 잘 만드는 것도 플랫폼 회사의 능력이다. 제대로 된 추천 알고리즘이 없는 대형 콘텐츠 플랫폼이 실패한 예는 2021년 8월 카카오톡이 내놓은 '카카오뷰'다.

카카오는 카카오톡 하단 세 번째 탭을 언론사가 생산하는 뉴스 탭에서 누구나 정보를 올릴 수 있는 '카카오뷰'로 바꿨다. 그러나 광고성 정보와 클릭을 노린 연예 뉴스가 뒤죽박죽 되면서 사용자의 불만이 폭주했고, 결국 카카오는 세 번째 탭을 오픈 채팅 탭으로 바꿨다.

•• 과거 방송사에서는 편성 PD가 각종 시청률을 엑셀로 분석해 방영 스케줄을 짰다.

## 후발 주자 틱톡의 마력

숏폼 동영상 서비스업체인 틱톡의 돌풍도 알고리즘을 빼고 설명하기 힘들다. Z 세대가 숏폼을 좋아한다고 하지만, 트위터의 '바인Vine', 비방디의 '스튜디오 플러스Stuido+', 버라이즌의 'Go90', 스타트업 '퀴비Quibi', 페이스북의 '라쏘Lasso' 등 우후죽순 등장한 다른 숏폼 서비스는 별 재미를 보지 못했다.

후발 주자인 틱톡의 마력은 ① 숏폼 ② 추천 ③ 음악 ④ 손쉬운 편집 도구 등 네 박자가 맞아떨어진 데서 생겨나는데, 그중 타의 추종을 불허하는 ② 추천이 핵심이다. 틱톡 운영사인 중국의 바이트댄스(중국명 쯔제탸오둥字節跳動에서 더우인抖音으로 변경)는 2012년 '진르터우탸오今日頭條'라는 맞춤형 뉴스 서비스업체로 출발했다.

진르터우탸오는 '오늘의 헤드라인'이라는 뜻으로, '당신의 관심사가 바로 헤드라인이다!'라는 슬로건 아래 개개인에게 최적화한 뉴스를 자동 추천해왔다. 그리고 사용자가 읽은 콘텐츠를 통해 기호와 취향을 분석하고 웨이보, QQ 등 SNS 이용 내역도 참조해 최적의 뉴스를 추천한다.

사용자가 위챗, 웨이보 등 소셜 미디어 계정으로 접속하면 단 5초 이내에 독자 취향에 딱 맞는 기사를 선택해준다고

맞춤형 뉴스 서비스업체로 시작한 바이트댄스의 틱톡은 사용자에게 최적화된 영상을 추천한다.

한다. 진르터우탸오의 알고리즘은 스마트폰으로 보내는 푸시(알람)도 사용자들이 엄선된 정보로 받아들일 만큼 우수했다.

바이트댄스는 수십억 명을 대상으로 착실하게 쌓아 올린 정교한 알고리즘에 수천 번의 A/B 테스트(A안과 B안 성과를 비교 측정하는 실험)를 더해 틱톡 추천 알고리즘을 완성해갔다. 수십억 명한테 맞춤형으로 정보를 제공해온 진르터우탸오의 노하우는 틱톡에서 진가를 발휘했다. 틱톡 영상을 보기 시작한 사용자는 다음 영상도 보고 싶어 하며, 결국 시청을 멈출 수 없게 된다.

게다가 틱톡 영상 길이는 대부분 15초로 짧아 1시간 동안 틱톡에서 소비할 수 있는 영상 수는 최대 240개나 된다. 보통 동영상 길이가 10분이 넘는 유튜브와 비교할 때 같은 시간 내 틱톡에서 훨씬 많은 영상을 소비하게 되는 것이다. 사용자가 소비하는 영상 개수가 많을수록 추천 알고리즘은 정교해진다. 인공지능이 학습할 데이터가 풍부해지기 때문이다.

바이트댄스는 2016년부터 자체 인공지능 연구소Bytedance AI Lab를 운영하고 있다. 틱톡의 맞춤형 서비스 '포유For You' 페이지에 적용된 얼굴 인식, 키워드 매칭, 맞춤형 노래 추천 등 각종 기능은 이 인공지능 연구소의 결과물이다.

이렇게 소셜 미디어로 분류되는 유튜브와 틱톡은 사실상 무료로 제작 활동을 하는 크리에이터 모집과 고도화한 알고리즘을 내세워 사용자의 시간과 광고 물량을 장악해왔다. 유튜브, 틱톡, 페이스북, 인스타그램, 스냅챗 등 다수가 콘텐츠를 만들어 배포하는 소셜 미디어는 대체로 추천 알고리즘 공장으로 진화하고 있다.

# 숏폼 제국,
# 틱톡을 견제하라

틱톡은 미국 Z세대(1990년대 중반~2000년대 초반생)의 '최애最愛' 미디어로 자리 잡으며 페이스북, 인스타그램, 유튜브, 스냅챗 등 '메이드 인 아메리카Made in America' 서비스를 위협하고 있다.

2022년 11월 치른 미국 중간선거에서도 틱톡 바람이 불었다. 춤, 패션, 음식, 동물 같은 취미나 일상생활을 숏폼으로 공유하던 10대와 20대가 기후변화, 낙태, 마약 등 정치 현안과

주州별 출마자를 정리한 짧은 영상을 틱톡에 올리기 시작한 것이다.

영국 방송 BBC는 "과거엔 정치 영상을 올리는 것은 쿨하지 않다고 여겨졌지만, 이번 선거에서는 정치 관련 틱톡 영상이 조회 수 수백만을 기록했다"고 보도했다. 급기야 조 바이든 미국 대통령은 지난 10월 8명의 틱톡 스타를 백악관에 초청해 1시간 넘게 함께 보냈다. 틱톡 스타들이 보유한 6,700만 명 팔로어에 미칠 파급력을 기대한 것이다.

## Z 세대가 가장 사랑하는 소셜 미디어

틱톡은 월간 활성 사용자 수MAU(약 10억 명)도 많지만, 1인당 체류 시간도 길다. 데이터 분석 회사 센서 타워에 따르면, 2022년 2분기 틱톡 사용자의 하루 평균 사용 시간은 95분이 넘었다. 유튜브는 74분, 인스타그램은 51분, 페이스북은 49분, 트위터는 29분, 스냅챗은 21분이었다. 리치 그린필드 라이트셰드 파트너스Light Shed Partners 애널리스트는 "중요한 것은 사용 시간"이라면서 "틱톡이 세상을 먹고 있다"고 평가했다.

시간 점유율에서 밀리면 광고 수주 경쟁에서도 밀릴 수밖에 없는데, 실제로 2022년 틱톡의 광고 수익은 전년 40억 달러(약 5조 6,000억 원)에서 100억 달러(약 13조 원)로 증가했다. 이는 구글이나 메타(페이스북)보다 적지만 트위터나 스냅챗보다는 많은 것이다. 투자은행 TD 코웬TD Cowen은 2027년까지 틱톡의 광고 수익이 360억 달러(약 43조 원)에 이를 것으로 예상하기도 했다.

이 같은 추세는 2023년에도 이어져 전 세계 어린이와 청소년이 가장 오래 사용하는 소셜 미디어는 틱톡이라는 조사 결과도 나왔다. 2023년 2월 퀴스토디오Qustodio가 발표한 보고서에 따르면, 전 세계 4~18세 어린이와 청소년의 하루 평균 틱톡 사용 시간은 107분을 기록했다. 이는 유튜브(67분), 스냅챗(72분), 인스타그램(45분), 페이스북(20분)을 크게 웃도는 수치다.

## 유튜브의 크리에이터 유인 작전

유튜브는 숏폼으로 빠르게 성장하는 틱톡에 위협을 느끼고 있다. 이런 절박함은 2022년 9월 20일 미국 로스앤젤레스 구글 스프루스 구스 행어Google Spruce Goose Hangar에서 열린 '메이

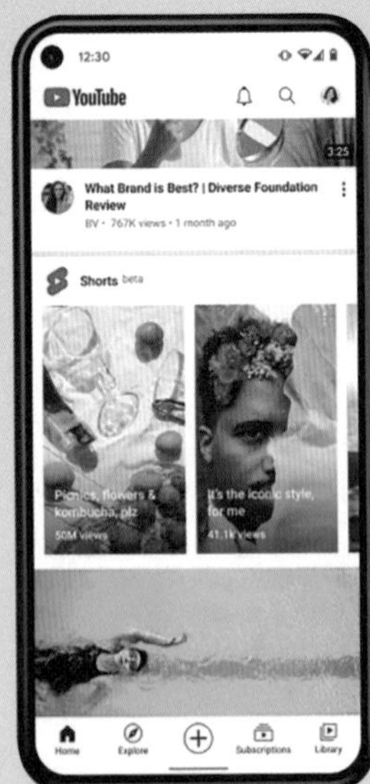

유튜브는 2022년 '메이드 온 유튜브' 행사에서 쇼츠 영상에도 광고를 도입할 것을 발표했다.

드 온 유튜브' 행사에서 잘 드러난다.

이날 유튜브는 "쇼츠 크리에이터에게 수익을 배분하기 위해 1억 달러(약 1,389억 원) 규모의 쇼츠 콘텐츠 펀드를 조성했으나 이것만으로 충분하지 않다고 판단했다"면서 "2023년부터 쇼츠 동영상에 광고를 도입하고 이 수익의 45%를 크리에이터에게 지급할 것"이라고 발표했다.

2020년 유튜브는 틱톡에 대항하기 위해 만든 15초짜리 동영상 서비스 쇼츠shorts를 만들었는데, 처음으로 쇼츠 조회 수에 따라 크리에이터에게 수익을 배분하기로 한 것이다. 또 유튜브는 크리에이터가 합리적인 가격에 고품질 음악 라이선스를 구입해 동영상에 사용할 수 있도록 '크리에이터 뮤직'을 내놓을 예정이다. 이 역시 틱톡의 강점을 벤치마킹한 것으로 틱톡은 상당한 규모의 '라이선스 프리(무료)' 음악 라이브러리를 보유하고 있다.

유튜브 제국의 힘은 크리에이터의 집합적 활동에서 나온다. 크리에이터가 많을수록 더 많은 사람이 모여 플랫폼은 더 많은 광고 수익을 올릴 수 있다. 유튜브가 크리에이터 유치 경쟁에서 지지 않기 위해 멤버십과 슈퍼스Supers, 유튜브 쇼핑 등 크리에이터 수익화 확대에도 팔을 걷어붙였다.

유튜브 채널 운영자는 일정 수준의 구독자를 확보하면 월 최소 0.99달러(약 990원)에서 최고 49.99달러(약 6만 원)의 회비를 내는 멤버십을 개설할 수 있다. 또 회원 전용 콘텐츠를 만들어 월 구독료를 받을 수 있는데, 회원 등급을 나누고 보상을 차별화할 수 있다.

'슈퍼 챗Super Chat'은 채널 운영자에게 후원 가능한 실시간 채팅 시스템이다. 실시간 채팅방에 들어가 하단의 달러 표시를 클릭하고 원하는 금액을 적으면 수수료를 제외한 금액이 크리에이터에게 지급된다. 챗은 후원 금액에 따라 파란색, 노란색, 주황색, 빨간색으로 바뀌어 다른 사람들 눈에도 띈다. 유튜브는 슈퍼 챗 금액의 30%를 수수료 명목으로 떼어 간다.

'슈퍼 스티커Super Sticker'는 움직이는 이미지로 만든 유료 이모티콘이다. 실시간 채팅 시스템인 슈퍼 챗에서 이 유료 이모티콘을 사용할 수 있다.

'슈퍼 땡스Super Thanks'는 실시간 방송이 아닌 업로드가 끝난 영상에 후원할 수 있는 기능이다. 유튜브 영상 시청자는 크리에이터에 대한 감사의 표시로 'Thanks' 버튼을 누르고 결제하면 된다. 후원자는 후원 금액이 표시된 댓글을 돋보이는 색으로 바꿀 수 있다.

유튜브는 수익 창출 도구로 쇼핑도 밀고 있다. 유튜브와 제휴를 맺은 쇼핑몰에 크리에이터가 직접 스토어를 열면 채널

아래에 판매 제품을 표시해주는 것이다. 크리에이터는 자체적으로 만든 굿즈는 물론 다른 브랜드의 제품도 팔 수 있다.

최근 유튜브는 네이버의 '쇼핑 라이브'와 비슷한 '라이브 쇼핑(실시간 쇼핑 방송)' 기능도 선보였다. 유튜브 라이브 쇼핑은 실시간으로 상품을 소개하고 태그 버튼을 누르면 구매 페이지로 연결되도록 설계돼 있다. 라이브 진행자와 시청자가 실시간으로 채팅할 수도 있다.

2021년 11월, 유튜브는 월마트, 삼성, 버라이즌 등과 함께 '홀리데이 스트림 앤드 숍Holiday Stream and Shop'이라는 대규모 라이브 쇼핑 이벤트를 진행했다. 미국 가수이자 세계 10대 인플루언서로 꼽히는 애디슨 레이, 2억 명이 넘는 구독자를 보유한 유튜버 미스터 비스트, 영국 출신 스타 요리사 고든 램지 등 유명 크리에이터가 등장하자 이벤트 조회 수가 200만이 넘었고 실시간 채팅 창에 140만 개가 넘는 메시지가 올라왔다.

최근 유튜브 쇼츠에도 쇼핑 기능을 시범 도입하는 등 유튜브는 쇼핑 사업을 대대적으로 확대하고 있다. 해외 유튜브 분석가는 유튜브의 인플루언서를 두고 콘텐츠 제작자라기보다 사실상 물건을 파는 전자 상거래 사업자에 가깝다고 말했다. 유튜브도 크리에이터들이 각종 물건 판매로 제작비를 벌고 생계를 이어갈 수 있도록 플랫폼을 고도화하고 있다.

## '제2의 화웨이' 틱톡

틱톡은 중국 통신 장비 기업 화웨이와 함께 미·중 갈등의 중심에 서 있는 중국 기업이다. 3년 전 미국 트럼프 정부는 중국 기업이 만든 틱톡을 통해 각종 정보가 중국 공산당으로 흘러 들어갈 수 있다는 이유로 '틱톡 미국 사업부를 매각하라'는 행정명령을 내렸다. 하지만 미 법원이 제동을 걸어 결과적으로 현재까지 아무 일도 일어나지 않았다.

틱톡은 미국 버지니아주 소재 자사 데이터 센터에 미국 사용자 정보를 저장하며, 싱가포르에 백업 센터를 두고 있다. 최근에 중국 베이징에서 근무하는 엔지니어들이 미국 서버에 얼마든지 접근할 수 있다는 보도가 나오면서 틱톡의 잠재적 안보 위협 우려가 다시 불거졌다. 텐센트, 알리바바, 바이두 등 중국 슈퍼 앱 30개 사가 콘텐츠 순위를 결정하는 알고리즘과 맞춤형 정보를 제공하는 특성화 서비스 알고리즘을 중국 당국에 제출한 사실이 알려지기도 했다. 크리스토퍼 레이 FBI 국장은 2022년 11월 15일 미 하원 국토안보위원회에 나와 "중국 정부가 수백만 틱톡 사용자 개인 정보를 수집하고 추천 알고리즘을 통제해 영향력을 행사할 수 있으며 (스마트) 기기 수백만 대의 소프트웨어를 조종할 수도 있다"고 말했다.

틱톡의 각종 잠재적 위협에도 미국의 현행 법률로 틱톡을 규제하기는 쉽지 않을 듯하다. 국무부, 국방부, 교통부, 국토안보부, 미군 등에서는 틱톡을 사용할 수 없는데, 이는 위치 정보를 추적하는 운동 앱도 마찬가지로 받는 규제 수준이다. 미 의회에서는 포괄적인 개인 정보 보호 법안도 통과되지 않았다.

무엇보다 미국 정부가 일방적으로 틱톡을 금지하면 1억 5,000만 명에 달하는 미 헌법상 '표현의 자유'와 충돌하는 딜레마에 빠진다. 미국 수정 헌법 1조는 '의회는 표현의 자유를 저해하는 어떠한 법률도 만들 수 없다'고 규정하며 표현의 자유를 신성시한다. 섣부른 틱톡 규제는 미국 인터넷상에서의 표현의 자유, 대외무역 정책, 국제 데이터 보안 문제 등에 광범위한 영향을 미치는 선례가 될 수 있다. 강정수 더코어The Core 총괄 에디터는 "틱톡이 국가 안보를 위협했다는 직접적인 증거가 없는 상태에서 미국 Z 세대한테 네이버 같은 서비스를 사용하지 말라고 하면 사용자 반발에 부딪힐 것"이라면서 "일종의 정치적 부담도 규제가 쉽지 않은 이유 중 하나"라고 분석했다.

바이든 행정부는 틱톡의 전면 금지보다 틱톡의 미국 사업부를 미국 기업이 인수하는 것을 선호하고 있다. 미 재무부 산하 외국인투자심의위원회CIFUS는 틱톡 측에 중국 창업자의 지분을 매각하라는 요구를 전달하기도 했다.

## 유튜브 오리지널은 왜 해체됐나

2015년 유튜브는 월 12.99달러(약 1만 5,000원)를 내면 자체 제작한 유튜브 오리지널을 볼 수 있는 '유튜브 레드Youtube Red'를 발표했다. 2016년 12월부터 미국, 호주 등에서 서비스를 시작했고, 한국에서는 전 세계에서 다섯 번째로 선보였다.

넷플릭스의 등장에 위기를 느낀 유튜브가 프로페셔널 영상을 체계적으로 서비스하기 시작한 것이다. 당시 넷플릭스는 〈더 크라운The Crown〉• 같은 오리지널 시리즈로 급성장하고 있었다.

## 6년 만에 두 손 두 발 든 유튜브

결과적으로 유튜브 오리지널은 성공적이지 못했다. 히트작이 바로 나오지 않았을 뿐만 아니라 월 수십억 명의 유튜브 사용자 중 극소수만이 유튜브 오리지널에 지갑을 열었다. 유튜브는 오리지널 제작진을 출범한 지 단 2년 만에 태세를 바꿔 드라마·영화 제작 규모를 줄이기 시작했고, 2019년에는 오리지널 드라마를 더 이상 제작하지 않겠다고 발표했다.

유튜브 오리지널 제작진의 마지막 카드는 다큐멘터리 제작이었다. 다큐멘터리는 상대적으로 돈이 적게 들면서 유명인들을 내세워 홍보할 수 있어 상대적으로 합리적인 선택으로 보였다. 시간이 흘러도 꾸준히 시청자를 확보할 수 있는 것도 장점이다. 유튜브 오리지널 팀은 배우 윌 스미스, 가수 알리샤 키스 등을 다큐멘터리 주인공으로 캐스팅했고, 한국에서도 백종원 더본코리아 대표, 프로게이머 '페이커' 이상혁

• 〈더 크라운〉은 엘리자베스 2세와 영국 왕실 이야기를 그린 넷플릭스 오리지널 드라마로 회당 제작비가 1,000만 달러(약 119억 원)에 이르는 기록적인 금액으로 화제를 모았다.

등을 취재해 다큐멘터리 시리즈를 제작했다.

하지만 전략과 노선을 아무리 바꿔도 유튜브의 오리지널은 유튜브에 새로운 파이를 가져다주지 못했다. 2022년 3월 유튜브 오리지널 제작의 수장인 수전 대니얼스Susanne Daniels가 회사를 떠났고 유튜브 오리지널 제작 팀은 해체됐다. 수전 대니얼스는 워너 브러더스, 라이프타임, MTV 등의 케이블 방송에서 제작 업무를 담당하다 2015년 유튜브에 합류해 6년간 유튜브 오리지널 제작을 이끈 인물이다.

오리지널을 만들겠다는 유튜브의 호기로운 선언은 6년 만에 두 손 두 발을 다 드는 모양새로 끝났다. 영화, 드라마, 쇼, 다큐멘터리 등에서 신작을 발굴해 유료 구독 서비스 '유튜브 프리미엄'을 키운다는 당초 계획도 전면 백지화됐다.

유튜브 오리지널로 시즌 2까지 제작된 〈코브라 카이Cobra Kai〉의 판권은 넷플릭스로 넘어가 시즌 3, 4, 5는 넷플릭스에서 제작했다. 댄스 영화 〈스텝업〉 시리즈는 시즌 3 이후 케이블 방송 스타즈Starz에서, 코미디 드라마 〈플로리다에서 신이 되는 법On Becoming a God in Central Florida〉은 케이블 방송 쇼타임Showtime에서 방영되었다.

## 마케팅은 품질이 아닌 인식의 싸움

유튜브는 오리지널 시리즈가 유료 독자를 모으는 데 별 소용이 없다는 것을 깨닫고 2018년 6월 '유튜브 레드'를 '유튜브 프리미엄'으로 바꿨다. 프리미엄은 콘텐츠를 내세우는 것이 아니라 광고 없이 영상을 즐길 수 있다는 점을 내세웠다. 화면이 꺼져 있거나 다른 앱 사용 중에도 중단 없이 동영상을 들을 수 있는 '백그라운드 재생' 기능도 제공한다. 유튜브 뮤직 프리미엄도 사용 가능하다.

놀랍게도 유튜브 프리미엄 가입자는 순증하고 있는데, 2022년 말 기준 8,000만 명에 달했다. 독점 콘텐츠에 대한 투자 없이 '유튜브 애드프리YouTube ad-free' 전략으로 수천만 명의 유료 독자를 확보한 것이다. 유튜브 사용자는 오리지널 시리즈보다 광고 제거와 백그라운드 재생, 유튜브 뮤직에서 유료 구독의 효용성을 느꼈다.

유튜브 오리지널 제작 팀 철수가 시사하는 바는 크다. 대작 콘텐츠는 제작 능력부터 마케팅, 홍보에 이르기까지 차원이 다른 능력과 장기 투자 로드맵이 필요하다. 수억 달러에 이르는 유튜브의 예산은 넷플릭스의 조 단위 예산과는 큰 차이가 있었다. 2022년 기준 넷플릭스 오리지널의 예산은 18조 원에 달했다.

서로 다른 성질의 콘텐츠를 하나의 플랫폼에서 제공하는 데서 오는 오류도 있었다. 유튜브 오리지널의 문제점은 영화나 드라마처럼 기승전결이 있고 주제 의식이 분명한 대작형 콘텐츠를 스낵형 콘텐츠와 함께 나열한 것이었다. 드라마 애호가라면 이미 넷플릭스나 HBO 맥스(최근 맥스로 이름 변경)를 이미 구독하고 있었을 터였다.

유튜브는 '누구나 영상을 만들어 올린다'는 자신의 태생을 고려할 때 '스낵형 콘텐츠' 시장을 잘 지켜야 한다. 사용자는 유튜브에서 작품성이나 매끄러운 편집을 기대하지 않는다. 스낵형 콘텐츠는 솔직 담백함을 무기로 하는 아마추어적 감성을 담는 게 핵심이다. 유튜브 사용자에게는 크리에이터와 채팅을 나누거나 댓글을 보고 낄낄대는 것이 오리지널이라는 거창한 작품을 보는 것보다 더 중요했다.

홍성태 한양대학교 경영학과 명예교수가 말한 대로 "마케팅은 품질의 싸움이 아니라 인식의 싸움"이다. 유튜브에서 정통 드라마 편집 기법과 치밀한 스토리 텔링으로 무장한 오리지널 시리즈가 있다는 것을 소비자한테 인식시키는 것은 태산을 옮기는 것만큼 어려운 일이었다.

## '빅 스크린'으로 진격하는 유튜브

유튜브가 오리지널 시리즈 제작에는 손을 뗐지만, 스트리밍 전쟁에서 완전히 철수한 것은 아니다. 오히려 가장 구글다운 방식으로 스트리밍 시장에 진입하고 있다. 우선 유튜브는 비디오 스트리밍 서비스의 포털 격인 '프라임타임 채널PrimeTime Channels'을 새롭게 만들었다.

프라임타임 채널에 들어가면 쇼타임, 파라마운트+, 스타즈 등 30여 개의 온라인 동영상 서비스를 구독할 수 있다. 넷

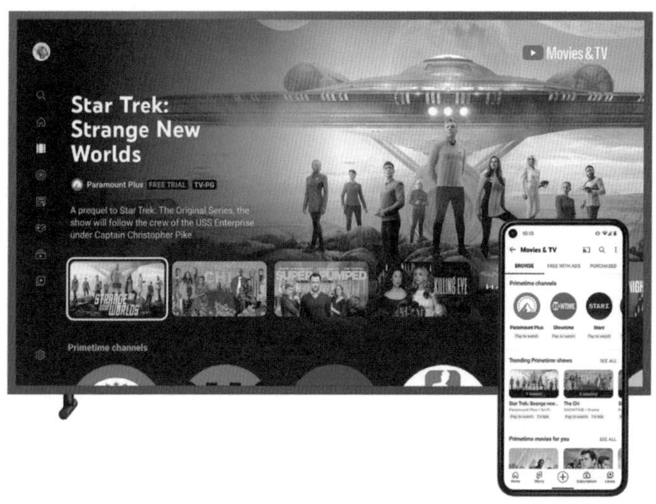


유튜브는 본격적인 TV 스크린 시장 진출을 위해 30여 개의 온라인 동영상 서비스를 제공하는 프라임타임 채널을 만들었다.

플릭스나 디즈니+, HBO 맥스 등은 유튜브의 전략을 견제하며 유튜브가 만든 프라임타임 채널에 합류하지 않았다.

더 무서운 점은 스마트폰 기반의 모바일 스크린을 장악해온 유튜브가 TV 스크린(빅 스크린)을 겨냥한 전술을 쏟아내고 있다는 점이다. 인터넷 접속도 가능하고 유튜브 앱도 설치할 수 있는 스마트 TV가 확산되자, 유튜브가 빅 스크린 시장의 파이 일부를 가져올 수 있다고 판단한 것으로 보인다. 2020년 기준으로도 미국 유튜브 시청자 중 52.8%(1억 1,310만 명)가 커넥티드 TV[CTV](인터넷이 연결된 TV)를 통해 유튜브를 봤다.

유튜브는 2023년 5월 미국 뉴욕에서 열린 유튜브 브랜드캐스트 행사에서 TV로 유튜브를 시청하면 건너뛰기 할 수 없는 '30초 광고'를 내놓을 예정이라고 밝혔다. 광고에 대한 몰입도를 높여 대형 기업의 광고 물량을 가져오겠다는 계산이다. 유튜브는 인기 높은 상위 5% 콘텐츠에만 이 '30초 광고'를 적용한다고 덧붙였다.

유튜브는 거액을 주고 스포츠 중계권도 확보했다. 2022년 말 미식축구 리그[NFL]의 일요일 중계 패키지, 이른바 '선데이 티켓' 계약을 따낸 것이다. 일요일 경기는 NFL 정규 시즌 중 시청률과 주목도가 가장 높다.

이번 계약 규모는 연간 20억 달러(약 2조 5,000억 원)에 계약 기간은 7년으로 유튜브가 기존 디렉 TV가 보유한 독점 중계권료보다 최소 5억 달러 이상 높은 가격을 써낸 것으로 알려져 있다. 2023년 유튜브는 '유튜브 TV'와 NFL 선데이 티켓을 묶어 연 299달러(약 40만 원)에 판매하고 있다. '유튜브 TV+NFL 선데이 티켓+NFL 레드 존' 패키지 가격은 연 339달러(약 44만 원)다. 유튜브 TV가 아닌 유튜브에서 NFL을 보려면 더 높은 가격을 지불해야 한다. 유튜브 NFL 선데이 티켓 채널 구독 가격은 연 399달러(약 53만 원), NFL 레드 존까지 포함된 가격은 연 439달러(약 57만 원)다. 유튜브 TV는 한국에서는 서비스하지 않는 유료 방송 서비스다. 미국 방송 채널인 ABC, CBS, 폭스, ESPN 등 100개 이상의 실시간 방송 채널을 묶음 형태로 제공한다.

유튜브의 광고 매출은 코로나 팬데믹 기간에 급격히 성장했다가 2022년부터 정체 국면에 접어들었다. 2022년 3분기 유튜브 광고 수익이 처음으로 역성장을 기록하기도 했다. 스포츠 중계 베팅이 성공한다면 유튜브는 TV라는 빅 스크린의 광고 블랙홀이 될 수 있다. 유튜브의 연간 광고 매출은 292억 달러(약 35조 원)로 이는 구글 전체 매출의 약 11%를 차지한다.

# 5
# CHAPTER

# 스토리로 수익을 내지 않는 기업들

## 애플, 아마존, 쿠팡은 계산법이 다르다

애플, 아마존, 쿠팡의 공통점은 무엇일까? 자신들의 핵심 산업을 성장시키는 수단으로 '스토리'를 선택했다는 점이다. 번들 플레이, 스포츠 중계권 독점 등을 통해 고객을 끌어 모으면서도 스토리 비즈니스로 즉각적인 수익 창출은 기대하지 않는다. 적자도 감수하는 이들의 공격적인 전략은 전통 미디어 기업에 큰 위협이 되고 있다.

# 스토리가 있는 곳에 고객이 모인다

불과 10년 전만 해도 애플, 아마존, 쿠팡이 스토리 비즈니스를 좌지우지하는 큰손 역할을 하게 되리라고 예측하는 사람은 많지 않았다. 그러나 이제 애플, 아마존, 쿠팡은 미국과 한국의 스토리 산업 지형을 알아보려면 꼭 살펴봐야 할 플레이어가 되었다.

애플은 2019년 11월 스트리밍 서비스 애플TV+를 내놓았고 2021년, 2022년 다수의 에미상을 수상한 드라마 〈테드 래소Ted Lasso〉, 한국계 재미 작가 이민진의 베스트셀러를 원작으로 한 드라마 〈파친코Pachinko〉, 2022년 아카데미 시상식에서 최우수 영화상을 받은 영화 〈코다〉 등의 오리지널을 보유하고 있다. 2023년 3월 블룸버그의 보도에 따르면, 애플은 매년 10억 달러(약 1조 3,360억 원)를 영화 제작에 투자할 계획이다.

세계 최대 전자 상거래업체 아마존 역시 자체 스트리밍 서비스 '아마존 프라임 비디오'를 보유하고 있는데, 2022년 9월 역대급 제작비를 쏟아부은 TV 시리즈 〈반지의 제왕: 힘의 반지〉 시즌 1을 공개해 세상을 놀라게 했다. 첫날 2개의 에피소드를 공개했는데, 아마존 프라임 비디오 가입자 중 2,500만 명이 시청했다. 2006년 아마존 프라임 비디오 서비스를 시작한 이래 최대 시청자 수였다. 아마존은 〈반지의 제왕 : 힘의 반지〉 시즌 1 제작비만 4억 6,500만 달러(약 6,300억 원)를 투자했으며 총 5개 시즌을 제작할 예정이다.

한국에서도 전자 상거래 기업 쿠팡의 스트리밍 서비스 '쿠팡플레이'가 시장을 달구고 있다. 인턴 기자 캐릭터를 내세워 세태를 풍자하는 〈SNL 코리아〉의 1개 시즌 제작에 120억 원을 쓰고 손흥민 선수가 소속된 영국 구단 토트넘 홋스퍼 FC를 100억 원 들여 초청했다. 드라마 〈안나〉, 〈미끼〉, 리얼리티 예능 〈사내연애〉 등도 인기를 모았다.

애플, 아마존, 쿠팡은 막대한 비용을 투자해 스토리를 제작하지만 즉각적인 수익 창출을 기대하지는 않는다.

## 스토리를 플라이휠로 활용하는 기업들

애플, 아마존, 쿠팡 등 3개 기업의 스토리 전략을 묶어 설명하는 이유는 이 세 개 회사의 전략과 전술에 유사한 점이 있기 때문이다. 이 회사들은 스토리 비즈니스를 하면서도 스토리 그 자체로 바로 돈을 벌려고 하지 않는다. 애플, 아마존, 쿠팡의 스토리 제작 활동은 기업의 일반적인 브랜드 마케팅 활동과도 구분된다.

가령 삼성전자는 1988년 서울올림픽의 지역 후원사로 올림픽과 인연을 맺은 이후, 1997년 IOC와 글로벌 후원사인 TOPThe Olympic Partner와 계약을 체결하고 1998년 나가노 동계올림픽부터 무선통신 분야 공식 후원사로 활동해왔다. 신세계 그룹도 2021년 프로야구단 SK와이번스를 인수하고 이 야구단이 우승한 날 '반값 세일'을 진행했다. 두 그룹의 활동은 각본 없는 시나리오를 써 내려간 운동선수들이 흘린 피와 땀을 격려함으로써 기업의 브랜드 인지도와 호감도를 높이는 데 방점을 둔다.

그런데 애플, 아마존, 쿠팡의 스토리 비즈니스는 즉각적으로 수익을 창출하려 하지 않지만, 회사의 핵심 사업과 긴밀히 연결되어 있으며 수익 창출의 중요한 고리 역할을 한

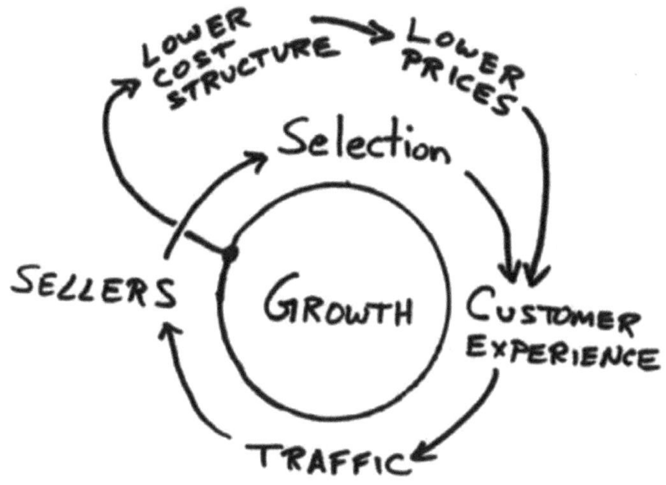


제프 베조스가 아마존의 성장 방식을 바퀴 형태로 그려 유명해진 플라이휠 전략.

다. 이를 설명해주는 용어가 '플라이휠flywheel'이다.

플라이휠이란 기계나 엔진에서 관성의 원리를 이용해 에너지를 저장하고 방출하는 장치인데, 주로 바퀴 회전축에 추가하는 원반을 말한다. 플라이휠은 일정한 속도로 회전하기 시작하면 관성 때문에 속도를 유지한다. 아마존 창업자 제프 베조스가 아마존의 비즈니스 모델을 플라이휠로 설명하면서 유명한 단어가 됐다.

가령 아마존은 낮은 가격으로 제품을 팔아 많은 고객이

찾도록 함으로써 더 많은 판매자가 입점하도록 유도한다. 이렇게 규모의 경제를 만들면 더 낮은 제품 가격을 유지할 수 있고, 그러면 더욱 많은 고객이 아마존을 찾게 된다. 이런 요소들이 서로를 강화하면서 비즈니스의 지속적인 성장에 도움을 주는데, 이것이 아마존의 플라이휠이다.

애플, 아마존, 쿠팡은 각각의 플라이휠을 가동하는 수단으로 스토리 비즈니스를 활용한다. 자신들의 플라이휠 가동에 확실히 도움이 되면 〈반지의 제왕〉 같은 드라마 제작에 시즌당 4억 달러 이상을 쓸 수 있다고 판단하는 것이다.

이런 애플, 아마존, 쿠팡의 스토리 비즈니스 계산법을 알아보려면, 이들 기업의 핵심 엔진을 좀 더 자세히 살펴볼 필요가 있다.

# 애플의 경쟁자는 넷플릭스가 아니다

애플 회계 장부의 숫자는 볼 때마다 비현실적인 느낌을 준다. 2022년 애플의 전체 매출은 3,943억 2,800만 달러, 우리 돈으로 470조 원이 가볍게 넘는 돈을 한 해에 벌어 들인다. 애플의 잉여 현금 흐름은 1,114억 4,300만 달러, 우리 돈 130조 원에 달하는 현금이 쌓이는 회사이다 보니 애플 주식에 투자하지 않은 것이 후회스럽다는 피터 린치 등 전설적 투자자들의 고백이 이어지고 있다.

아무리 사업 규모가 방대하고 복잡해도 애플의 핵심 엔진은 하드웨어다. 2022년 아이폰, 아이패드, 맥, 애플 워치, 아이팟 등 하드웨어 매출이 전체 매출의 80%에 달한다. 2018년 2분기까지 애플의 하드웨어 매출 비중은 90%가 넘었다. 2022년 애플의 영업이익률은 29%에 달했는데, 이는 애플의 하드웨어 프리미엄 전략이 제대로 통하고 있다는 증거이기도 하다.

세계 스마트폰 시장 1위 자리를 놓고 삼성전자와 애플이 엎치락뒤치락하고 있지만, 프리미엄 스마트폰 시장만 놓고 보면 애플의 점유율이 60%로 압도적인 1위다. 애플의 노트북 '맥북 에어' 시리즈 중에서는 애플이 자체 설계한 2세대 칩 'M2' 장착 등을 내세워 대당 500만 원에 팔기도 한다.

애플은 유려한 디자인, 감각적인 터치, 자연스러운 화면 넘김, 착 달라붙는 액세서리 등 최상의 사용 경험을 제공하는 하드웨어 제품으로 소비자 최접점을 장악해왔다. 이런 총체적 경험을 중요시하는 것은 스티브 잡스의 유산이다.

잡스는 지독하리만큼 단순하고 간결한 디자인에 집착해왔다. 복잡한 기능을 단순하게 경험하게 하려면 뛰어난 엔지니어링(공학 기술)이 필요하다. 스티브 잡스의 지휘 아래 애플은 스마트폰 두뇌인 중앙처리장치AP부터 운용 체계OS, 웹브라우저, 사무용 프로그램에 이르기까지 하드웨어와 소프트웨어를 조화롭게 설계해 제품을 개발하는 프로세스를 만들었다.

애플 관련 자료를 찬찬히 살펴보면 애플 서비스 중 시장 점유율 1위를 차지한 서비스는 없다. 애플의 '앱스토어'는 안드로이드 앱 장터인 '플레이스토어' 규모에 미치지 못한다. 애플TV+ 구독자 수는 넷플릭스 구독자 수 근처에도 미치지 못하며, 음악 스트리밍 시장의 최강자도 이제 애플 뮤직이 아니라 스웨덴 기업 스포티파이다.

애플의 클라우드 서비스 '아이클라우드'는 아마존의 AWS과 구글의 클라우드, 마이크로소프트의 애저Azer 등의 클라우드 서비스에 명함조차 내밀기 어려운 점유율을 기록하고 있다.

그런데도 2022년 애플의 서비스 매출은 781억 달러(약 94조 원)에 달해 서비스 매출만으로도 미국 굴지의 회사 매출을 가볍게 넘어선다. 참고로 같은 해 보잉 매출은 666억 달러, 인텔 631억 달러, 나이키 491억 달러, 아메리칸 항공 490억 달러, 코카콜라 423억 달러, 넷플릭스 316억 달러, 맥도날드 233억 달러 등이다.

애플이 1등을 기록하는 서비스가 없어도 서비스 부문에서 엄청난 돈을 벌 수 있는 이유는 하드웨어라는 거대한 저수지가 있기 때문이다. 세계 아이폰 활성 사용자 수만 10억 명이라는 거대한 저수지에서 물을 끌어와 각종 밭작물(서비스)을 팔고 있다고 보면 된다.

"애플TV+가 언제 넷플릭스를 따라잡을까요?"라는 질문은 우문일 수 있다. 애플의 우선순위는 단일 서비스 시장점유율 1등이 아니라, 압도적인 하드웨어 경쟁력을 계속 유지하고 이에 기반한 서비스를 통해 총체적 경험을 1등으로 만드는 데 있기 때문이다.

그 총체적 경험의 합이 애플을 수익성 좋은 회사, 세계에서 가장 비싼 몸값(시가총액 3조 달러)을 자랑하는 회사로 만들었다. 이러한 애플의 전략을 벤치마킹하는 회사가 세계에서 가장 많은 스마트 TV를 파는 삼성전자와 LG전자다(7장에서 자세히 살펴볼 예정이다).

애플은 월 구독료를 내면 최신 아이폰 기종을 바꿔가며 쓸 수 있는 '하드웨어 구독 서비스'도 준비하고 있다. 이는 애플이 추진 중인 '브레이크 아웃Break Out'이라는 프로젝트의 일환이다. 금융회사와의 제휴 없이 결제를 처리하고 각종 리스크 평가, 사기 분석, 신용 조회까지 하는 것이 목표다.•

만약 소비자가 가격 등을 이유로 애플의 아이폰 대신 안드로이드 폰을 샀다고 가정해보자. 애플의 기회 손실은 아이폰 매출 그 이상일 것이다. 아이폰을 접점 삼아 애플 뮤직과 애플TV+, 아이클라우드 등 애플의 서비스로 돈을 벌 기회도 놓치기 때문이다. 스마트폰 교체 주기가 2~3년이라는 점을 감안하면, 꽤 오랫동안 추가 수익을 창출할 기회를 잃는 셈이다. 애플이 초기 부담을 낮추는 하드웨어 구독 서비스를 준비하는 이유도 이 때문이다.

애플의 플라이휠은 '하드웨어 기기 판매 → 콘텐츠와 서비스 매출 증대 → 더 많은 하드웨어 기기 판매'다. 애플 마니아들은 맥북, 아이폰, 아이패드, 애플 워치, 에어팟 등을 하나씩 사 모으고는 "사과 농장을 차렸다(애플 제품을 사느라 돈을 꽤 썼구나)"라고 자조하듯 말한다.

브레이크 아웃은 '탈주'라는 뜻이다. 만약 애플이 하드웨어 구독 서비스까지 내놓으면 애플 하드웨어 생태계에 소비자를 묶어두는 록인lock-in 효과가 더 강력해질 것이다. 애플이 '탈옥'에 성공한다는 건 소비자 입장에서는 빠져나오기 힘든 '감옥'의 탄생을 의미할 것이다.

- 애플의 하드웨어 구독 서비스 형태는 아직 정확히 알 수 없다. 아이폰13은 월 35달러(약 4만 원), 아이폰13 프로는 월 45달러(5만 5,000원), 아이폰13 프로 맥스는 월 50달러(약 6만 원)로 책정하는 것이 유력하다는 블룸버그의 보도가 있었다. 799달러를 한번에 내고 아이폰13을 구매하는 대신 3년간 총 1,260달러(약 153만 원)를 내고 대여해서 사용하는 형태가 될 것이라는 전망도 나왔다.

## 애플TV, 애플TV+, 애플TV 앱 구분법

애플TV, 애플TV+, 애플TV 앱을 구분할 수 있다면 당신은 이른바 '애플 덕후'임에 틀림없다. 애플TV는 애플이 만드는 셋톱박스 기기 이름이다. 영상을 재생하고 인터넷을 연결해주는 하드웨어 장치다. 가장 저렴한 애플TV의 가격이 179달러(약 23만 원)로 로쿠, 아마존, 구글의 셋톱박스 기기보다 3~4배 이상 비싸다. 애플TV에선 애플 뮤직(음악 스트리밍), 애플TV+(영상 스트리밍), 애플 아케이드(게임), 애플 피트니스+(건강) 등을 최적화된 환경에서 즐길 수 있다.

애플TV+는 앞서 언급한 대로 애플이 만든 스트리밍 서비스 이름이다. 이 채널을 구독하면 〈더 모닝쇼〉, 〈테드 래소〉, 〈파친코〉, 〈코다〉 등 애플의 오리지널 시리즈를 감상할 수 있다. 애플TV+는 2019년 11월 1일 100여 개국에 출시되었으며, 한국에서는 2021년 11월 4일 서비스를 시작했다.

애플TV+ 요금은 9.99달러(약 12,000원)로 콘텐츠 종류와 양이 적은 편이다. 2022년 3월 25일 공개된 〈파친코〉가 수개월 동안 애플TV+ 메인 화면에 노출되어 있었다는 불만이 나왔다.

다만, 애플TV+는 양보다 질을 추구한 까닭에 오리지널 시리즈의 수상 타율이 좋은 편이다. 리처드 플레플러 전 HBO 회장 겸 CEO도 애플TV+와 손잡았는데, 그가 창립한 이든 프로덕션은 2020년부터 5년간 애플TV+용 오리지널 TV 시리즈를 제작할 계획이다.

애플TV+ 가입자 수는 공개되지 않았지만 관련 업계에서는 대략 2,500만 명 수준으로 추정한다. 넷플릭스, 아마존 프라임 비디오, 디즈니가 2억 명 내외의 구독자를 확보한 것과 비교하면 구독자 수가 매우 적은 편이다.

애플TV 앱은 각종 스마트 TV에 적용되는 애플리케이션으로 일종의 스트리밍 서비스 포털이다. 애플TV+부터 스타즈, 쇼타임, 히스토리 채널 등 각종 스트리밍 채널을 한눈에 확인할 수 있다.

# 아마존이 스토리로 뜨면 신발이 더 많이 팔린다

아마존 프라임의 〈반지의 제왕: 힘의 반지〉가 2022년 하반기 드라마 대작 경쟁의 포문을 열었다. 아마존이 대작에 투자한 이유는 분명한데, 아마존 프라임 멤버십 가격이 오르더라도 회원들이 계속 멤버십을 유지하도록 하기 위해서다. 아마존은 〈반지의 제왕〉 시리즈 방영을 앞두고 프라임 멤버십 구독료를 119달러(약 14만 3,000원)에서 139달러(약 16만 7,000원)로 올렸다.

골든 글로브 시상식에 참석한 제프 베조스.

아마존은 프라임 회원을 많이 모아 제품을 값싸게 조달하고 낮은 가격에 판매함으로써 회원의 만족도를 높이는 전략을 쓰고 있다. 아마존 프라임 멤버십 가입자는 멤버십에 가입하지 않은 사람보다 아마존에서 4배가량 많은 제품을 구매한다.

아마존 비디오 프라임 서비스는 2006년 시작되었다. 2010년 아마존은 자체 스튜디오를 세워 드라마를 제작했고 2014년에는 게임, 스포츠, 동영상 등의 콘텐츠를 실시간 스트리밍으로 제공하는 트위치Twitch를 9억 7,000만 달러(약 9,900억 원)라는 거액을 주고 인수했다. 2016년 아마존 스튜디오에서 제작한 영화가 골든 글로브에서 상을 받았을 때 아마존 창업자이자 당시 CEO였던 제프 베조스는 한 언론사와의 인터뷰에서 이렇게 말했다.

**"우리가 골든 글로브상을 받는다면, 신발을 더 파는 데 도움이 될 것이다."**

2021년에는 첩보 액션 영화 '007' 시리즈 제작사로 유명한 MGM을 85억 달러(약 10조 8,460억 원)에 인수했다. 애플도 역시 60억 달러(약 6조 7,600억 원) 수준에서 MGM 인수를 검토했던 것으로 알려져 있다. 이 거래는 아마존으로서는 2017년 홀푸드 인수(137억 달러)에 이어 두 번째로 규모 큰 거래였다.

MGM은 한때 할리우드 5대 제작사(디즈니·워너·유니버설·컬럼비아·파라마운트)에 버금가는 위용을 자랑했지만, 몇 차례 매각과 인수를 거치면서 위상이 크게 추락했다. MGM은 〈007〉 외에도 스포츠 영화 〈록키〉 시리즈 등 4,000여 편의 영화와 TV 드라마 지분도 갖고 있다.

아마존은 '프리비TV Freevee TV'라는 무료 스트리밍 서비스도 운영하고 있다. 아마존이 1998년 영화 및 TV 정보 사이트인 IMDb Internet Movie Database를 인수한 후 2019년 광고를 시청하면 콘텐츠를 무료로 보는 'IMDbTV'를 선보였다. 최근 아마존은 무료라는 점을 강조하기 위해 서비스명을 프리비TV로 바꿨다.

2023년 들어 온라인 동영상 서비스 플랫폼들이 잇따라 요금 인상에 나선 가운데 아마존 프라임 비디오도 2024년부터 광고 요금제 도입을 통해 요금을 올리기로 했다. 그동안 아마존 프라임 비디오는 멤버십이 있으면 무료로 이용할 수 있었다.

아마존에 따르면 아마존 프라임 멤버십 가입자의 프라임 비디오 상품은 광고형으로 전환된다. 광고 없는 경험을 원하는 프라임 회원은 월 2.99달러(약 4,000원)의 추가 요금이 부과된다. 프라임 비디오 콘텐츠의 광고는 2024년 상반기에는 미국, 영국, 독일, 캐나다에 도입되고 하반기에는 프랑스, 이탈리아, 스페인, 멕시코, 호주에 도입될 예정이다.

아마존 측은 "퀄리티가 높은 콘텐츠에 계속 투자하기 위한 조치"라고 설명하면서 "광고를 싣더라도 지상파나 다른 경쟁사보다는 적을 것"이라고 덧붙였다.

아마존 프라임 비디오마저 가격을 올리자 스트리밍과 인플레이션을 합한 '스트림플레이션streamflation'이라는 신조어까지 등장했다. 2023년 9월 《월스트리트 저널》은 "미국에서 서비스되고 있는 주요 스트리밍 서비스의 구독료가 1년 만에 평균 25% 증가했다"고 분석했다. 아마존은 스포츠와 같은 생방송 중계에는 이전부터 광고를 제공해왔다.

# 쿠팡의 목표는 번들 플레이이다

잠깐의 파란일까, 지각변동의 신호일까. 2023년 4월 후발 주자인 쿠팡플레이가 스트리밍 앱 사용자 수 2위에 올랐다. 앱·리테일 분석 서비스 와이즈앱에 따르면, 앱 사용자 수 1위는 넷플릭스(1,156만 명), 2위는 쿠팡플레이(467만 명), 3위는 티빙(411만 명), 4위는 웨이브(293만 명)였다.

'콘텐츠 명가' CJ ENM의 자회사 티빙과 지상파 방송 3사와 SKT 연합군 웨이브가 후발 주자 쿠팡플레이한테 체면을

**국산 OTT 월간 실 사용자 추이**

티빙 쿠팡플레이 웨이브

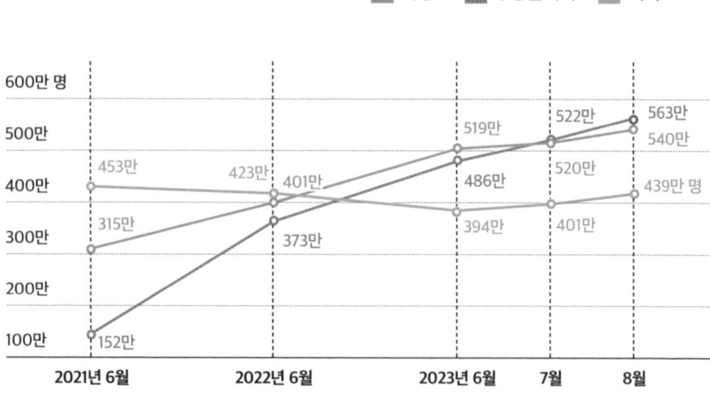


출처: 모바일인덱스(2023년 8월)

구긴 것이다.

2023년 8월 아이지에이웍스의 빅데이터 분석 솔루션 모바일인덱스 자료에서도 쿠팡플레이의 월간 활성 사용자 수는 563만 명으로 토종 스트리밍 중 1위로 나타났다. 티빙은 540만 명, 웨이브는 439만 명이었으며 넷플릭스는 1,226만 명이었다.

2020년 12월 출범한 쿠팡플레이는 쿠팡와우 회원에게 콘텐츠를 무료로 제공하며 빠르게 성장했다. 출범 당시 10여 명에 불과했던 쿠팡플레이 팀원 수는 2023년 상반기 기준으로

150명을 웃도는 것으로 알려졌다.

전자 상거래업체 쿠팡의 핵심 엔진 역시 '와우 멤버십'이다. 월 4,900원을 내는 와우 멤버십 회원은 빠른 배송과 반품 혜택을 받을 수 있고 일부 콘텐츠를 제외하고 쿠팡플레이도 무료로 이용할 수 있다.

2022년 6월 쿠팡은 와우 멤버십 가격을 월 2,900원에서 4,990원으로 72%나 올렸다. 2019년 와우 멤버십을 출시한 이래 첫 인상인 데다 인상 폭이 커서 소비자의 이탈 여부에 유통업계의 이목이 집중됐고, 쿠팡은 회원 이탈을 막기 위해 쿠팡플레이의 손흥민 경기를 전면에 내세웠다.

쿠팡은 2022년 7월 토트넘 훗스퍼 FC와 함께하는 '쿠팡플레이 시리즈' 경기를 기획하고 해당 티켓을 와우 멤버십 회원에게만 판매했고, 축구 경기 자체도 쿠팡플레이로만 중계했다.

쿠팡플레이의 효과는 적지 않았다. 와우 멤버십 가격 인상에도 이탈이 거의 없었을 뿐만 아니라 사용자층도 다양해졌다. 쿠팡플레이 출시 전에는 온라인 장보기를 주로 하는 30~50대 주부가 멤버십에 많이 가입했는데, 쿠팡플레이 출시 이후에는 1980~2000년대 출생 사용자의 유입이 늘었다. 와우 멤버십 가입자는 2022년 말 기준 1,100만 명에 달한다.

쿠팡플레이는 손흥민 선수의 토트넘 경기를 전면에 내세워 멤버십 가격 인상에 따른 회원 이탈을 최소화했다.

쿠팡은 적자 경영의 대명사였다. 회사 창립 후 10여 년간 쿠팡의 적자를 모두 더하면 5조 4,000억 원에 달할 정도였다. 그런데 쿠팡은 2022년 3분기 창사 이래 첫 흑자를 기록하고 2023년 1분기에는 매출 기준으로 이마트를 제치는 이변을 일으켰다.

2023년 1분기 쿠팡 매출은 7조 6,915억 원, 이마트의 연결 기준 매출은 7조 1,354억 원이었다. 쿠팡은 연간 기준 첫 흑자도 자신하고 있다. 2022년 3분기 1,037억 원, 4분기 1,133억 원, 2023년 1분기 1,362억 원, 2분기 1,951억 원, 3분기 1,146억 원의 이익을 달성하는 등 재무 흐름이 좋기 때문이다.*

전자 상거래의 멤버십 서비스와 스토리 비즈니스(쿠팡플레이)의 긴밀한 연관성에 대해 쿠팡 경영진은 다음과 같이 설명한다.

**"고객이 매일 물건을 구매하기는 어렵지만, 콘텐츠는 매일 볼 수 있습니다. 와우 멤버십 가입자가 멤버십 혜택을 자주 느끼게 하려면, 매일 접속해보는 콘텐츠 서비스가 필요하다고 판단했습니다."**

쿠팡이 특허청에 '쿠플 클럽CoupangPlay Club' 국·영문 상표권을 출원했는데, 쿠팡플레이가 스트리밍 서비스에 다른 서비스를 묶어 '쿠플 클럽'이라는 유료 서비스를 준비하고 있다는 분석이 나온다. 이 같은 추측에 대해 쿠팡 측은 "그럴 계획이 없다"고 부인했다. 아마존의 경우, 아마존 스트리밍 서비스 '프라임 비디오'를 프라임 멤버십 회원에게는 무료로 제공하고 프라임 멤버십 회원이 아닐 경우 월 구독료를 내야한다.

• 2023년 2분기 쿠팡을 통해 제품을 한 번이라도 구매한 사람은 1,971만 명으로 1년 전보다 10%가량 늘었다. 쿠팡의 1인당 고객 매출은 296달러(약 38만 9,100원)로 전년 대비 5% 증가한 것으로 나타났다.

## 쿠팡플레이 스타일

### ① 데이터로 공격 포인트를 잡는다

쿠팡플레이는 A/B 테스트 등 데이터에 기반한 판단을 중시한다. 베팅을 할 때 판단의 근거가 될 데이터부터 확보하는데, 스포츠 콘텐츠를 확충할 때도 마찬가지였다. 손흥민 선수가 출전하는 토트넘 경기를 틀어보고 고객 반응 데이터가 나오자, 쿠팡플레이는 물량 공세에 나섰다.

### ② "원래 그런 건 없다"

쿠팡플레이는 영화계 '불문율'도 깼다. 영화 방영 순서는 극장 → VOD(건당 결제) → 스트리밍(OTT) → 지상파다. 2022년 8월 3일 개봉해 극장에서 상영 중인 영화 〈비상선언〉이 쿠팡플레이에서 추가 비용 없이 바로 공개됐다. 2022년 8월에는 700만 관객을 끌어모은 영화 〈한산: 용의 출현〉을 단독 공개하기도 했다.

### ③ '갓팡'으로 검색

2023년 3월 쿠팡플레이는 아카데미 7관왕에 오른 〈에브리씽 에브리웨어 올 앳 원스〉를 3일 동안 1,000원에 볼 수 있는 프로모션을 진행했다. 3월 13일(현지 시각) 수상작 발표 후 3일 만에 나온 이벤트였다. 쿠팡플레이 팀은 이벤트 효과를 측정하기 위해 각종 정량적 데이터를 참고하지만, 정성적인 데이터도 찾아본다고 귀띔했다. 그중 하나가 '갓팡'과 이벤트 핵심 키워드를 조합해 검색하는 것. '갓팡(god+쿠팡)'은 쿠팡에 찬사를 보내는 인터넷 용어다. 쿠팡플레이 측은 "고객이 감동하는 지점을 확인하기 위한 것"이라고 설명한다.

#### ④ 고객군을 쪼개고 쪼개라

쿠팡플레이는 이른바 '프로덕트 오너PO' 문화가 강한 회사다. 서비스나 콘텐츠마다 PO로 불리는 담당자가 제작, 수급, 성과를 모두 책임지는 구조다. 영화, TV 프로그램, 스포츠 생중계에 이르기까지 볼 것이 많아지면 고객이 자신이 원하는 콘텐츠는 탐색하기 더 어려워지는데, 쿠팡플레이 팀은 고객을 특정 세그먼트(작은 그룹)로 최대한 작게 쪼개고 머신 러닝(기계 학습) 등을 동원해 개인화한 서비스를 제공하는 데 사활을 걸고 있다. 쿠팡플레이 앱 초기 화면은 사용자마다 다르다.

# 결국 리텐션을 높여라

애플, 아마존, 쿠팡의 스토리 비즈니스 전술은 각각 다르지만, 중요한 공통점이 있다. 첫 번째 공통점은 스포츠 콘텐츠를 좋아한다는 것이다. 이들이 할리우드 스튜디오와는 태생적으로 DNA가 다르다는 사실을 확인할 수 있는 지점이기도 하다.

애플, 아마존, 쿠팡한테는 '예술의 혼'이나 '작품의 성공'보다 중요하게 생각하는 가치가 있는데, 제품과 서비스의 플라이휠을 탄탄하게 만드는 신규 사용자 유치와 기존 사용자의 리텐션retention(유지)이다.

리텐션은 사용자가 제품, 서비스에 얼마나 오래 머무르는지 나타내는 마케팅 용어다. 리텐션이 높다는 것은 사용자가 제품이나 서비스를 만족하며 계속 이용하고 있다는 뜻인데, 재구매율repurchase rate, 이탈률churn rate, 평균 체류 시간average duration 등으로 측정할 수 있다.

## 스포츠 경기를 중계하라

신규 사용자 유치와 기존 사용자의 리텐션에 효과 만점인 콘텐츠가 바로 스포츠 경기다. 대작 드라마도 큰 도움이 되지만, 투자 대비 효과를 쉽사리 장담하기 어려운 게 단점이다. 인기 스포츠는 고정 팬층이 있기 때문에 시청률을 어느 정도 예측할 수 있다.

애플은 2022년부터 스포츠 중계권 입찰에 적극적으로 뛰어들었다. 애플은 미국 메이저 리그 축구Major League Soccer, MLS 측과 10년간 25억 달러(약 3조 원) 규모의 중계권 계약을 맺어 현재 MLS 리그를 독점 중계하고 있다. 애플이 영국 프리미어 리그의 맨체스터 유나이티드를 58억 파운드(약 9조 3,700억 원)에 인수를 추진한다는 소식이 전해지기도 했다. 아직 인수는 성사되지 않았지만, 애플의 관심 표명만으로도 미국 증시에 상장된 맨유 주가가 폭등했다.

미국 최고의 인기 스포츠인 NFL 중계권 경쟁에는 애플, 아마존, 유튜브 등 빅 테크 기업이 모두 뛰어들었다. 그 결과 목요일 독점 중계권은 아마존이, 일요일 저녁 독점 중계권은 유튜브가 가져갔다.

아마존은 목요일 NFL을 독점 중계하는 데 2033년까지 매년 10억 달러(약 1조 1,666억 원)를 지급할 예정이지만, 프라임 멤버십 가입자를 늘리고 광고량을 증가시키면 중계권료를 뽑고도 남는다고 계산하고 있다.

아마존 프라임 비디오에서는 영국 프리미어 리그 중계Premier League Soccer, 뉴욕 지역 메이저 리그 야구MLB 라이브 경기도 중계하는 까닭에 미국 동부 시간 기준으로 월요일~금요일 오전 8시부터 오후 8시까지 생방송 〈스포츠 토크Sports Talk〉도 진행한다.*

쿠팡플레이가 토종 스트리밍 앱 1위 자리를 터치한 비결도 스포츠 중계를 빼놓고 설명하기 힘들다. 2022년부터 맨체

* 이 프로그램은 프라임 멤버십에 가입하지 않고도 볼 수 있다.

빅 테크 기업이 뛰어든 NFL 중계권 경쟁에서 아마존은 목요일 중계권을, 유튜브는 일요일 중계권을 차지했다.

스터 시티, 토트넘, 파리 생제르맹PSG 등 세계 명문 축구 클럽을 한국으로 초청했고 K리그, 포뮬러원F1, 스페인 프로 축구(프리메라 리가), NFL 등의 온라인 독점 중계를 이어가며 화력을 모았다.

특이하게도 2022년 10월부터 F1 레이싱 경기도 중계하고 있다. F1의 한국 고정 팬층이 두껍지 않고 한국과의 시차 때문에 생중계하기도 좋지 않다.* 그러나 쿠팡플레이는 F1 중계를 차별화 포인트로 보고 디지털 중계권을 사들였고, 한국어 해설까지 더해 F1 마니아를 끌어모으고 있다.

쿠팡플레이는 대한민국 축구 대표 팀을 1년여간 취재하며 〈국대: 로드 투 카타르〉라는 스포츠 다큐멘터리도 선보였다. 공개 시점이 늦어진 데다 한국 국가 대표 팀이 8강 진출에 실패하는 등의 이유로 큰 화제를 모으지 못했지만, 스포츠 다큐멘터리 역시 체력이 약해진 기존 방송사들의 빈틈을 곳곳에서 파고드는 쿠팡플레이의 사례로 평가받는다.

앞서 언급했듯 쿠팡은 2022년 7월 손흥민이 출전하는 토트넘 홋스퍼 FC 초청 경기의 오프라인 티켓도 직접 판매했다. 스트리밍업체에서 스포츠 중계를 넘어 오프라인 경기 티

* 인터넷 TV '스타스포츠' 채널이 유일하게 F1을 중계하다 광고 수익 문제로 송출을 중단했다.

켓까지 판매하는 경우는 흔하지 않은 일이다.

게다가 쿠팡은 경기 티켓을 예매하려면 쿠팡의 와우 멤버십에도 가입해야 한다는 조건을 달았다. 쿠팡 비회원에게 멤버십 가입을 유도한 것인데, 까다로운 티켓 예매 과정에 축구팬들의 불만이 폭발했다. 이를 잠재운 것은 독점 콘텐츠의 힘이었다.

스포츠 중계권 사정에 밝은 사람들은 미디어 판이 바뀔 때마다 스포츠 경기 중계권 가격이 인상되었다고 설명한다. 지상파 방송에서 케이블 방송으로 재편될 때 스포츠 중계권이 인상되었고, 케이블 방송에서 빅 테크가 주도하는 스트리밍 시장으로 재편되는 과정에서 중계권 가격이 또 뛰어올랐다는 것이다.

2022년 정보통신정책연구원KISDI이 발간한 「OTT 사업자의 스포츠 중계권 거래 시장 진입에 따른 미디어 경쟁 구도 변화」 보고서에 따르면, 미국의 경우 스트리밍업체들이 중계권 경쟁에 뛰어든 시점 전후로 NFL 중계권 판매액이 연간 31억 달러에서 100억 달러로 3배 이상 올랐다.

이런 스포츠 경기 독점 중계 트렌드가 보편적 시청권을 침해한다는 비판도 일고 있다. 스트리밍 사업자의 스포츠 경기 독점 중계권을 허용하면서도 올림픽이나 월드컵 같은 행사에서는 스트리밍 사업자가 방송사에 중계권을 재판매해야 한다는 주장이 설득력을 얻고 있다.

## 눈여겨봐야 할 번들 전략

애플, 아마존, 유튜브가 구사하는 공통된 전술 중 또 하나는 번들링(묶음 판매)이다. 이들 회사는 번들링을 통해 고객이 계속 머물게 하는 록인 전략을 쓰고 있다.

애플은 애플TV, 애플 뮤직, 애플 아케이드, 아이클라우드(저장 공간) 등을 한번에 구독할 수 있는 통합 요금제 '애플 원Apple One'을 출시했다. 애플 원 개인 요금제는 월 1만 4,900원으로 각 서비스를 별도로 구독할 때보다 월 8,100원을 절약할 수 있다.

아마존도 프라임 멤버십 회원에게 각종 묶음 혜택을 제공하는 데 공을 들인다. 회원이 되면 프라임 비디오(아마존 오리지널을 비롯한 수천 편의 영화·드라마 서비스), 뮤직 프라임(광고 없이 수백만 곡의 음악 감상), 프라임 리딩(수천 권의 전자책 제공), 프라임 데이(매년 이틀간 회원 대상 대규모 할인) 등을 추가 비용 없이 즐길 수 있다. 쿠팡 역시 무료 배송, 무료 로켓 직구, 쿠팡플레이 무료 시청 등의 혜택 묶음을 쿠팡와우 멤버십 가입자에게 제공한다.

정리하면 애플, 아마존, 쿠팡은 자신들의 플라이휠을 공고하게 하는 전략의 일환으로 스토리 비즈니스를 전개하며, 때로는 스토리 비즈니스의 적자도 감수할 정도로 공격적인 플레이를 하고 있다. 게다가 이들은 자신의 제품과 서비스, 콘텐츠와 묶는 '번들 플레이'로 경쟁사의 추격을 따돌리는 거대한 해자垓字(적의 접근을 막기 위해 성 주위를 파서 만든 하천)를 만드는 데 총력을 기울이고 있다.

# 6
# CHAPTER

# 게임 체인저 K 스토리 모델의 등장

## 기술과 데이터로 무장한 K 콘텐츠의 저력

〈재벌집 막내아들〉, 〈무빙〉, 〈스위트홈〉의 공통점은 무엇일까?
바로 유명 웹툰·웹소설을 원작으로 글로벌 무대에서 성공을 거둔 작품이라는 점이다.
K 모델의 가장 큰 장점은 이처럼 풍부한 원천 스토리 생태계를 보유했다는 것이다.
독보적인 영상 제작 시스템을 갖춘 K 모델의 무한한 성장 가능성과
해결해야 할 과제를 살펴본다.

# 히트 드라마 법칙을 보유하다

동아시아의 반도에 자리 잡은 분단국가 한국에서 매우 새롭고 주목할 만한 스토리 제작 모델이 탄생하고 있다. '웹툰·웹소설 원작 → 드라마 제작사의 판권 매입 → 스트리밍 서비스에 드라마 공급 → 지식재산권 매출 다각화'라는 스토리 제작 선순환이 일어나고 있는 것이다. 다른 나라에서 찾아보기 힘든 이 독특한 스토리 제작 모델을 할리우드 모델, 실리콘밸리 모델과 구분해 K 스토리 모델(이하 K 모델)이라 명명할 수 있을 것이다. 이 장에서는 '올뉴all-new', 즉 완전히 새로운 스토리 제작 모델인 K 모델의 특징과 장단점을 살펴보며 지속 가능성을 짚어보려고 한다.

2022년 인기 드라마 〈재벌집 막내아들〉과 2023년 인기 드라마 〈무빙〉은 K 모델의 전형을 보여준다. 드라마 〈재벌집 막내아들〉 원작은 2017~2018년 한국의 웹소설 플랫폼 문피아[•]에 연재된 동명의 웹소설이었다. 드라마 제작사 래몽래인과 SLLStudio LuluLala이 이 웹소설의 드라마 제작 판권을 확보해 영상화에 나섰고 글로벌 스타 배우 송중기를 주인공으로 발탁해 흥행에 엄청난 화력을 더했다. 〈재벌집 막내아들〉은 방영 첫 주부터 10.8%라는 높은 시청률을 기록했으며, 매주 시청률 상승 행진을 이어가 최종화 시청률 26.9%라는 유종의 미를 거뒀다.

이 드라마는 넷플릭스, 디즈니+, 티빙, 시즌, 시리즈온 등 각종 스트리밍 서비스에서 동시 방영되는 기염을 토했고 주로 동남아시아에서 서비스되는 뷰Viu와 일본 라쿠텐 비키의 현지 파트너사도 드라마 판권을 구매해 드라마 방영 가능 국가는 170개국으로 늘었다.

[•] 2021년 네이버에 인수됐다.

K 모델은 성공을 거둔 웹툰, 웹소설 원작을 기반으로 글로벌 히트작을 선보이고 있다.

2023년 8월 9일부터 9월 20일까지 디즈니+에서 공개된 드라마 〈무빙〉도 강풀 작가의 동명 웹툰이 원작이다. 웹툰 〈무빙〉은 2015년 다음•의 만화속세상을 통해 총 47화가 연재됐다. 드라마 〈무빙〉은 원작자인 강풀이 대본 작업을 맡았고 류승범, 조인성, 한효주 등 유명 배우가 총출동했으며, 한국 드라마 역사상 가장 많은 제작비(약 500억 원)가 투입됐다. '원작 웹툰의 높은 인지도+스타 배우+한국 드라마 제작사의 역량'이 더해져 한국에서 디즈니+를 론칭한 이후 최대 흥행작으로 기록됐다. 미국에서는 월트 디즈니가 보유한 또 다른 스트리밍 서비스 훌루에서 〈무빙〉을 공개했는데, 한국 콘텐츠 중에서는 공개 첫 주 최다 시청 시간을 기록하는 등 좋은 출발을 보였다. 벌써부터 디즈니 내부에서는 시즌 2 제작을 검토한다는 이야기가 흘러나온다.

K 모델의 가장 큰 특징은 웹툰과 웹소설이라는 원천 스토리 생태계를 보유하고 있으며, 이 생태계에서 검증된 웹툰과 웹소설을 기반으로 흥행할 가능성이 높은 드라마와 영화를 만들어낸다는 점이다. 한국의 웹툰과 웹소설 흥행작을 각색해 만든 넷플릭스와 CJ ENM의 티빙 드라마 중 히트작만 꼽

• 2014년 카카오는 포털 다음을 인수 합병했다.

아봐도 수십여 편에 이른다. 드라마 〈술꾼도시여자들〉, 〈사내 맞선〉, 〈내일〉, 〈어게인 마이 라이프〉, 〈징크스의 연인〉, 〈키스 식스 센스〉, 〈내과 박원장〉, 〈금수저〉, 〈스위트홈〉, 〈미생〉, 〈이태원 클라쓰〉, 〈경이로운 소문〉, 〈시맨틱 에러〉, 〈재벌집 막내아들〉 등과 영화 〈은밀하게 위대하게〉, 〈내부자들〉, 〈신과 함께〉, 연극 〈한번 더 해요〉, 뮤지컬 〈원모어〉 등이 웹소설·웹툰 원작 작품들이다. 2023년에는 〈무빙〉 외에도 〈택배 기사〉, 〈남남〉, 〈오늘도 사랑스럽게〉, 〈마스크걸〉, 〈이두나!〉, 〈정신병동에도 아침이 와요〉, 〈비질란테〉 등의 웹툰이 드라마로 제작되어 시청자를 만났다.

〈신과 함께: 인과 연〉 등 웹툰 원작을 영화화해 1,000만 관객 영화 3편을 만든 원동연 리얼라이즈픽쳐스 대표는 "콘텐츠는 새롭지 않으면 대중의 사랑을 받을 수 없는데, 한국이 웹툰 종주국이라는 점은 (영상) 스토리를 만드는 사람에게는 축복"이라고 말했다. 웹툰이 드라마와 영화 등으로 무한 변주 가능한 보물 창고 역할을 한다는 뜻이다.

웹툰의 경우 집단 창작 등으로 제작비가 상승했지만, 그래도 영화나 게임 같은 스토리 포맷에 비해 제작비가 월등히 낮다. 특히 웹소설의 경우 제작 속도가 웹툰보다 20배 빨라, 트렌드를 가장 빨리 반영할 수 있는 포맷으로 각광받고 있다.

웹소설의 경우 다양한 소재와 장르를 실험해볼 수 있다는 것이 강점이다.

웹소설 전문가 이융희는 “웹소설은 콘텐츠 시장의 실험실”이라면서 “웹소설 애호가 150만 명이 일종의 베타 테스터 역할을 톡톡히 하고 있다”고 평가했다. 이 150만 명은 새로운 문법, 새로운 소재가 영화나 드라마에 적용되었을 때 충분히 성공할 수 있는지 검증할 만한 모수라는 것이다.

# 지금의 K 모델을 만든 혁신과 기술

K 모델의 중요한 한 축인 웹툰과 웹소설이 주류 콘텐츠 산업으로 각광받게 되기까지 크고 작은 혁신이 있었다. 우선 스토리 양식story format 혁신이다. 모바일(스마트폰)에 의한, 모바일(이동)을 위한 정교한 스토리 양식이 한국 땅에서 탄생했다. 기존 출판 만화, 출판 소설과 분명히 구분되는 웹툰과 웹소설 양식의 특징이 결국 스토리 시장의 재편을 가져왔다고 해도 과언이 아니다.

## 모바일에 의한 모바일을 위한

웹툰과 출판 만화의 가장 큰 차이는 컷 분할과 페이지 넘김이다. 종이 출판 만화 시대의 작법은 가로 방향 컷 배치였고, 페이지도 좌우로 넘기는 게 기본이었다. 반면 웹툰 작가들은 스마트폰 디스플레이에 맞게 세로 방향으로 한 컷씩 배치했고, 엄지손가락으로 스마트폰 화면을 스크롤하면서 쭉쭉 내려가는 '세로 읽기'가 웹툰 읽기의 표준 방식이 되었다.

웹소설 작가들의 미덕은 10분이면 읽을 수 있는 3,500자로 독자를 몰입시키고 다음 회차가 궁금해 좀이 쑤시도록 잘 마무리하는 것이다. 이런 능력을 갖춘 작가들은 억대 연봉자 반열에 오르기도 한다. 웹소설 역시 모바일 읽기에 최적화된 가독성을 위해 시공간에 대한 묘사를 생략하고 대화 중심으로 사건이 빠르게 전개되고 문장은 쉬우며 신조어, 비속어, 유행어 등 '날것'도 그대로 표출하는 것이 특징이다. 이처럼 웹소설은 '찰나의 즐거움'을 추구함으로써 독자들이 출퇴근 시간이나 잠자기 전 자투리 시간에 가벼운 마음으로 소화하는 데 무리가 없도록 한다.

한국의 웹툰·웹소설 비즈니스 개척자들은 출판 만화와 출판 소설을 그대로 온라인으로 올려 권당으로 팔아서는 승

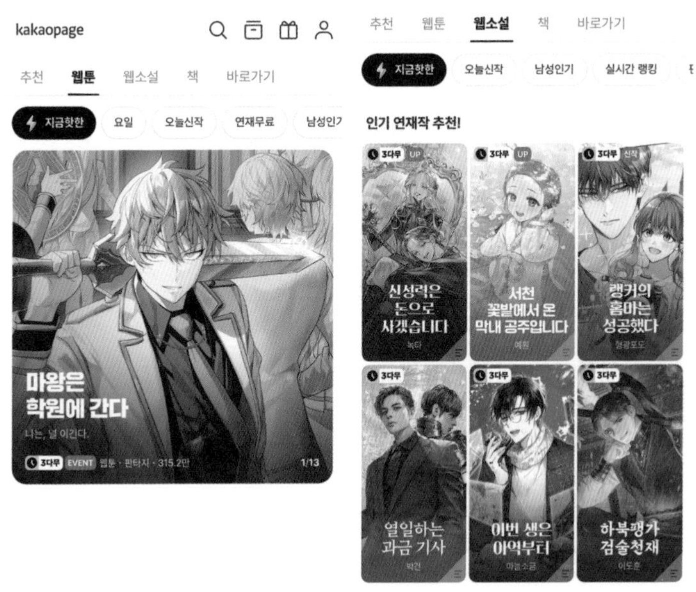


카카오페이지 첫 화면. 스마트폰에서 웹툰과 웹소설을 즐길 수 있도록 최적화되어 있다.

산이 없다는 것을 일찌감치 알아차렸다. 이들은 회당 200원, 300원 정도의 부담 없는 가격에 웹툰·웹소설 이용권을 판매하기 위해 작품을 분절했다. 지금은 당연하게 여겨지지만 권당 판매라는 오프라인 방식에 익숙했던 시절에는 '콜럼버스의 달걀' 같은 발상의 전환이었다.

등장인물이 나누는 대화로만 이뤄진 채팅 소설도 나왔다. 이 역시 모바일 화면에 최적화한 포맷으로 카톡창의 실시간

대화처럼 은어와 이모티콘도 수시로 등장하는 것이 특징이다. 한국의 대표적인 채팅 소설 플랫폼은 '채티'인데, 2023년 기준 아마추어 작가의 작품 수만 50만 편에 달한다고 한다. 채팅 소설은 장문을 읽기 힘들어하는 10대에게 인기 만점이라고 한다.

## 사용자들이 기꺼이 돈을 내게 하는 방법 —'기다무'

수익 모델이 있는 곳에 창작 생태계가 커지는데, 그 이유는 제대로 된 보상이 있어야 우수한 작가가 그 생태계에 깃들기 때문이다. 웹소설·웹툰이 유료화에 성공하기까지 일명 '기다무(기다리면 무료)'로 불리는 비즈니스 모델 혁신이 있었다.

2010년 초만 해도 '온라인 = 무료'라는 인식이 팽배했다. 웹소설, 웹툰은 무료였고 사업자는 트래픽 기반 광고로 돈을 벌었다. 2013년 이진수 당시 카카오페이지(전 포도트리) 대표는 그즈음 폭발적인 인기를 끌던 모바일 게임 '애니팡'에 주목했다.

애니팡은 같은 모양 3개를 맞춰 없애는 퍼즐 게임인데, 사용자는 무료로 기본 제공되는 '하트' 이용권을 소진하면 하트를 유료로 구매해 게임을 즐겼다. 그런데 애니팡에는 매우 독특한 장치 하나가 더 있었으니, 40분을 기다리면 하트가 무료로 충전되는 시스템이었다. 일반 사용자는 40분을 기다리지만, 게임에 몰입한 사용자들은 그 시간을 기다리지 못하고 유료 충전을 했다.

이진수 대표는 카카오페이지의 웹소설·웹툰의 이용 시스템에도 일정 시간이 지나면 무료로 이용할 수 있는 기능을 추가했다. 이것이 바로 기다무다. 독자에게 '돈을 내라'고 통보하는 식의 유료화와 '지금 당장 보려면 유료지만, 기다리면 무료'라고 선택권을 주는 유료화에는 큰 차이가 있었다. 기다릴지, 아니면 바로 결제할지는 자신의 선택에 달렸다고 생각하기 때문에 기다무식 유료화에 대한 사용자의 심리적 거부감이 훨씬 적었다.

기다무의 성공은 매출로 나타났다. 카카오페이지의 연간 거래액은 2014년 130억 원, 2018년 2,200억 원, 2020년 5,000억 원으로 뛰었다. 카카오의 일본 자회사로 일본에서 디지털 만화를 서비스하는 카카오픽코마는 2023년 4월 기준 누적 매출 3조 원을 달성했다.

기다무라는 검증된 비즈니스 모델과 1, 2화 등 '화 분절' 판매 방식 등 한국에서의 성공 방정식을 일본 만화 서비스에 잘 적용했기 때문이다.

## 작가들을 끌어들인 방법 —도전만화와 PPS

네이버는 만화가 육성 프로세스를 완전히 혁신했다. 과거에 만화가가 되려면 마치 신춘문예로 등단하고 유명 작가의 문하생으로 들어가 인고의 세월을 견디는 소설가와 유사한 과정을 밟아야 했다. 하지만 누구나 만화를 그릴 수 있는 새로운 시스템을 마련한 것이다.

2006년 네이버는 누구나 만화를 업로드할 수 있는 '도전만화' 게시판을 오픈했고 2008년엔 '베스트 도전'이라는 페이지도 개설했다. 도전만화에서 인기를 끈 작품은 베스트 도전으로 승격되며 베스트 도전에서 인기를 끈 작품은 별도 심사를 거쳐 네이버웹툰의 정식 연재 작가가 되는 구조였다.

〈외모지상주의〉의 박태준 작가, 〈프리드로우〉의 전선욱 작가, 〈소녀의 세계〉의 모랑지 작가, 〈여신강림〉의 야옹이 작가, 〈유미의 세포들〉의 이동건 작가 등이 도전만화를 거쳐 정식 연재 작가가 되었다.

정식 연재자가 되면 프로 작가 대우를 받는다. 네이버웹툰

도전만화 시스템을 통해 창작자 생태계 활성화를 이끈 네이버웹툰 김준구 대표.

이 원고료와 '페이지 프로핏 쉐어PPS(2023년엔 파트너스 프로핏 쉐어로 명칭 변경)' 등을 제공한다.

PPS는 ① 미리 보기 ② 완결 작품 다시 보기 ③ 광고 등을 통해 확보한 수익을 작가와 공유하는 제도다. PPS 규모는 2013년 도입 첫해에 232억 원 수준이었는데, 2022년에는 2조 255억 원이나 됐다.

누구나 웹툰을 올릴 수 있는 도전만화는 북미, 남미, 유럽에선 '캔버스', 일본에선 '인디즈'란 이름으로 운영된다. 〈로어 올림푸스Lore Olympus〉[*] 원작자 레이철 스마이스는 미국판 도전만화 '캔버스'를 통해 탄생한 스타 작가다. 〈로어 올림푸스〉는

2018년 네이버웹툰의 영어 서비스 웹툰Webtoon을 통해 처음 공개되어 2023년 7월 기준 누적 조회 수 13억 회를 기록 중이다. 만화계의 아카데미상이라는 '윌 아이스너 어워드'도 수상했다.

아마추어 창작자가 작품을 올릴 수 있는 도전만화는 유튜브 모델이고 프로 작가의 오리지널을 볼 수 있는 정식 연재는 넷플릭스 모델로 비유할 수 있을 것이다.••

실제로 네이버웹툰의 미국 본사 웹툰 엔터테인먼트Webtoon Entertainment는 미국 경제 매체《패스트 컴퍼니》가 선정한 '2023 미디어 부문 혁신 기업' 1위에 올랐다.《패스트 컴퍼니》는 웹툰 엔터테인먼트를 "만화책의 즐거움을 휴대폰으로 옮겨 왔으며 웹툰을 글로벌 크로스 미디어 현상으로 만들었다"라고 평가했다. 2023년 부문 혁신 기업 2위는《뉴욕타임스》였다. 웹툰 엔터테인먼트는 전체 혁신 기업 순위에서는 8위를 차지했다. 김준구 네이버웹툰 대표는 늘 "기존 스토리 모델을 따라해서는 결코 세계 최고가 될 수 없다"라고 말한다.

• 지하 세계의 왕 '하데스'와 풋내기 여신 '페르세포네' 등 그리스 신화를 현대적으로 재해석한 로맨스 판타지.

•• 김준구 네이버웹툰 대표의 설명이다.

리디의 월 구독형 웹툰 서비스 만타.

## 데이터 주도 스토리 텔링

2020년 전자책과 웹툰·웹소설을 서비스하는 스타트업 리디가 북미 시장에 출시한 웹툰 앱 '만타'가 4개월 만에 미국 구글 플레이스토어 만화 카테고리 1위에 올라 동종 업계를 놀라게 했다. 만타 앱은 출시 2년 만에 총 800만 다운로드를 기록하며 순항 중이다.

삼성전자 벤처투자 팀 출신 배기식 대표가 2008년 창업한 리디는 전자책 서비스 '리디북스'로 출발, 10여 년간 한국 전자책 시장을 선도했으며 2018년부터 웹툰·웹소설 사업에 본격 진출해 콘텐츠 플랫폼 기업으로 거듭났다. 2022년 2월 싱가포르투자청GIC 등으로부터 1,200억 원 규모의 대규모 투자를 유치해 한국 콘텐츠 스타트업 최초로 유니콘 기업(기업 가치 10억 달러 이상의 비상장 스타트업)에도 등극했다.

한국 최대 검색 포털 네이버와 한국 최대 메신저 카카오톡이라는 든든한 배경을 지닌 네이버웹툰과 카카오페이지와 달리, 스타트업이자 웹툰 서비스 후발 주자인 리디가 성과를 내는 이유는 무엇일까? 비결은 '데이터 주도 스토리 텔링'에 있다.

1장에서 현대 스토리 비즈니스의 권력 이동을 이야기하면서 '스토리는 데이터'라고 했는데, 리디의 운영 방식을 보면 데이터를 중시하는 현대 스토리 비즈니스 기업의 특징을 확인할 수 있다.

리디는 산하에 자체 웹툰 스튜디오를 창립해 콘텐츠 수급의 안정화를 꾀하고 있는데, 리디의 웹툰 스튜디오는 데이터에 기반한 엄격한 제작 프로세스를 갖춘 것으로 알려져 있다. 가령, 웹툰화할 원작 작품을 고를 때는 리디가 서비스 중인 각종 소설의 매출 및 고객 수, 완독률 등 데이터를 면밀히 살펴보는 것은 기본이고 A안과 B안의 성과를 비교 측정하는 A/B 테스트를 통해 웹툰 표지를 만들고, 독자의 반응 데이터(완독률, 유료 구독 전환율 등)를 고려해 작품의 방향도 재수립하고 재정비한다.

스토리 기획, 선화線畫, 채색, 배경, 편집 등 각 부문 전문 인력의 밀도 높은 협업 공정을 수립해놓은 것도 리디 웹툰 스튜디오의 특징이다. 이 스튜디오는 객관적으로 측정한 작업량 데이터를 기반으로 제작 인원과 분량을 고려해 제작 일정표를 만든다.

리디가 서비스 중인 만타는 '무제한 코믹스unlimited comics'를 내세운 구독형 서비스다. 회차별로 결제하는 다른 웹툰 서비스와 달리 월 4.99달러(약 6,500원)를 내면 부담 없이 웹툰을 즐길 수 있다. 월 구독료를 내면 넷플릭스가 제공하는 드라마를 제한 없이 볼 수 있는 것과 같은 형태의 유료 콘텐츠 서비스 모델이다. 리디가 자체 웹툰 제작 스튜디오를 통해 리디 오리지널을 지속적으로 확보하는 공정을 만들어놓았기 때문에 가능한 비즈니스 모델이다.

리디 창업 초기였던 2010년대 무렵 배기식 대표가 한 말이 잊히지 않는다.

**"독자가 클릭했을 때 반응 속도 0.001초를 높이기 위해 저희가 얼마큼 엔지니어링 노력을 기울이는지 기자님은 아마 잘 모를 거예요."**

독자들이 쾌적한 환경에서 콘텐츠를 즐길 수 있도록 보이지 않는 곳에서 노력하고 있다는 뜻인데, 그의 코멘트는 완성도 높은 디지털 미디어 서비스업체가 갖춰야 할 기본 덕목이 무엇인지 잘 말해준다. 그것을 아는 리더가 이끄는 조직이기에 특유의 데이터 주도 스토리 텔링의 프로세스를 구축할 수 있었던 것이다.

네이버웹툰의 작가 전용 창작 시스템 '크리에이터스 2' 역시 작가의 작품 제작 활동에 참고할 수 있는 각종 통계 데이터를 제공한다는 점에서 주목할 만하다. 작가들은 크리에이터스 2의 작품 통계 메뉴에서 정량 지표와 독자 반응을 실시간으로 확인할 수 있다. 독자의 피드백은 흥행 요소를 찾는 데 도움이 된다. 웹툰 작가들은 피드백을 보면서 스토리 전개

• 2021년 카카오엔터테인먼트가 5,000억 원에 인수한 미국 웹소설 기업 래디쉬도 작가를 고용해 오리지널 웹소설을 만드는 회사였다. 웹소설의 표지, 제목, 첫 문장, 스토리 전개 방향 등을 두고 A/B 테스트를 하고 10~20회 파일럿 콘텐츠를 생산해 반응이 좋으면 연재를 거듭하는데, 이 과정에서 독자 잔존율과 구매 전환율 등의 데이터를 확인했다. 다만, 카카오엔터테인먼트와의 시너지 여부는 두고 봐야 한다는 게 엔터테인먼트업계의 중론이다.

를 수정·확장해나가는 것이다.

조회 수와 관심 등록 수 등의 데이터를 통해 작품 성장 추이를 볼 수 있고 회차별 '좋아요', '관심 등록 수', '댓글 수', '별점'도 파악할 수 있다. 작품을 보는 독자의 성별과 연령 비중도 알 수 있다. 이는 작가가 작품 타깃에 맞는 창작 활동에 집중하는 데 도움이 된다.

크리에이터스 2는 작품 등록, 수정, 삭제 및 회차 예약 등 작품 관리 편의 기능도 제공한다. 세분화된 장르 탐색과 작품 검색이 가능하도록 작품별 태그도 직접 등록할 수 있다.

향후 크리에이터스에는 댓글 관리 기능과 수익 창출 지원 기능이 추가될 예정이라고 한다. 댓글 관리를 통해 작가들은 작품에 직접 댓글을 달거나 가장 선호하는 댓글을 지정하는 등 독자 소통을 강화할 수도 있게 된다.

사실 모바일 중심으로 서비스의 디자인UI·UX을 바꾸고, 회차 단위 또는 월·3개월·연간 단위로 과금하고, 작가들에게 원고료와 광고 수익 등을 정산하고, 각 국가 특성에 맞게 콘텐츠를 재배열하며, 이벤트 쿠폰까지 적시에 제공하려면 고도의 엔지니어링 작업이 뒷받침돼야 한다.

만화 강국인 일본의 경우, 슈에이샤集英社, 고단샤講談社, 쇼가쿠칸小學館 등 대형 출판사가 일본 디지털 만화 시장을 이끌고 있다. 철저히 IT 기반 회사인 네이버(라인망가)와 카카오(카카오픽코마), NHN(NHN코미코) 등 한국 플랫폼 회사들이 이끄는 K 웹툰 서비스에 일본 토종 디지털 만화 서비스가 크게 밀리는 이유를 디지털 역량 차이에서 찾을 수 있을 것이다.

# 전 세계가 인정한 탁월한 드라마 공장

저명한 국제학자 조지프 나이Joseph Nye 하버드대학교 석좌교수는 2004년에 출간한 『소프트 파워』에서 외교, 문화, 교육, 과학기술, 제도 같은 소프트 파워로 세계 영향력을 확대하는 시대로 접어들었다고 말했다.

실제로 한국이 보유한 강력한 문화의 힘이 국제무역이나 외교 무대에서 위력을 나타내고 한국인 스스로 이를 실감하는 시대가 되었다. 2020년 영국 잡지 《모노클Monocle》은 한국의 소프트 파워를 독일에 이어 세계 2위로 평가하기도 했다. 《모노클》이 당시 이런 평가를 내린 주요한 근거 중 하나는 영화와 음악 등 엔터테인먼트 분야에서 한국이 일으킨 돌풍이었다.

## 한국의 최대 드라마 공장

특히 2020년은 종합 케이블 방송 회사 CJ ENM이 배급·투자를 맡은 영화 〈기생충〉이 제92회 아카데미 시상식에서 작품상, 감독상, 각본상, 국제 영화상 등 4관왕에 오르는 기염을 토한 해이기도 하다.

사실 CJ 그룹을 빼놓고 한국 문화 산업을 이야기하기 어렵다. CJ 그룹은 1995년 영화와 케이블 사업을 시작으로 문화 비즈니스에 오랫동안 투자하면서 자본부터 인력에 이르기까지 '엔터테인먼트 코리아'의 거대한 기둥 역할을 해왔다.

이 그룹은 '웹툰·웹소설 원작 → 드라마 제작사의 판권 매입 → 스트리밍 서비스에 드라마 공급 → 지식재산권 매출 다각화'로 이어지는 K 모델에서 중요한 역할을 하고 있다.

더 구체적으로 언급하면, CJ ENM의 드라마 사업 본부만

때내 2016년 5월 창립한 드라마 제작사 스튜디오드래곤이 K 모델 선순환의 핵심적인 고리 역할을 한다. CJ가 엔터테인먼트 바닥에서 처절하게 깨지며 배운 노하우가 스튜디오드래곤의 창립과 운영에 녹아 있고, 스튜디오드래곤은 기대 이상의 성과를 거두며 승승장구했다.

2016년 스튜디오드래곤은 창립과 동시에 화담앤픽쳐스, 문화창고, KPJ 등 드라마 제작사 세 곳을 잇따라 인수했을 뿐만 아니라 주요 드라마 작가에게 스튜디오드래곤의 지분까지 제공했다. 덕분에 문화창고 소속인 배우 전지현이 스튜디오드래곤 소속 연예인이 되었고, 2017년 기준으로도 수억에서 수십억 원의 지분을 받은 작가들이 스튜디오드래곤과 장기 협력 관계를 이어갔다. 스튜디오드래곤이 만든 드라마가 일으킨 돌풍은 이유 있는 돌풍이었는데, 김은숙 작가가 쓴 드라마에 전지현이 주연으로 출연하면 흥행이 보증된 것이나 다름없었기 때문이다.

보통 드라마 제작사는 1년에 1~2편도 제작하기 어렵지만 스튜디오드래곤은 창립 1년 만인 2017년 〈비밀의 숲〉, 〈듀얼〉 등 8편의 드라마를 내놓았다. 〈도깨비〉를 집필한 김은숙 작가, 〈별에서 온 그대〉의 박지은 작가, 〈대장금〉, 〈육룡이 나르샤〉 등을 쓴 김영현·박상연 작가가 스튜디오드래곤에 합류하면서 다작이 가능해진 것이다. 드라마 평론가 공희정은 이에 대해 "스튜디오드래곤의 등장은 콘텐츠 제작의 전문화, 대형화 전략이 본격적으로 시작됐음을 알리는 신호탄이었다"고 평가했다.

웹툰·웹소설 원작도 한국 드라마 제작사의 탁월한 기획 및 제작 역량 덕분에 완성도 높은 영상으로 재탄생할 수 있었다. 이런 역량이 없었더라면 원작의 파급효과도 매우 제한적이었을 것이다. 웹툰·웹소설과 드라마는 상호 상승작용을 일으키는데, 드라마 제작사 입장에서는 웹툰·웹소설 팬을 시청자층으로 흡수할 수 있어 좋고, 원작자 입장에서는 드라마가 히트를 치면 원작의 인기가 덩달아 높아져 좋다.•

한국의 드라마 제작사는 웹툰·웹소설 플랫폼에서 대중의 관심사를 사전에 파악할 수 있게 되면서 각종 위험 부담을 줄였다. 또 웹툰·웹소설을 드라마로 각색할 때 원작의 인기 장면을 참고해 연출의 완성도를 높이는 경우도 있다. 한국 드라마 제작사가 부침이 심한 엔터테인먼트 비즈니스에서 흥행타율을 높이는 노하우를 확보해나갈 수 있었다는 뜻이다.

• 웹툰·웹소설의 드라마 계획은 그 자체로 화제가 된다. 드라마 제작 계획이 발표되면 소셜 미디어의 댓글이 뜨겁게 달아오른다.

## 실리콘밸리 모델과의 연합작전

때마침 미국에서 넷플릭스가 스트리밍 혁명을 일으켰다. 넷플릭스는 전 세계에서 드라마를 조달하는 세계화 전략을 구사하는데, 아시아의 잠재 구독자를 흡수하기 위해 한국 드라마가 필요하다는 매우 정확한 판단을 내렸다.

넷플릭스에는 스튜디오드래곤이 그야말로 최적의 파트너였다. 2018년 스튜디오드래곤이 넷플릭스에 드라마 〈미스터 션샤인〉을 공급한 이후 넷플릭스가 스튜디오드래곤에 지분까지 투자한다. 2019년엔 최초의 넷플릭스 오리지널 한국 드라마 〈킹덤〉이 등장한다.

넷플릭스의 혜성과 같은 등장은 한국 최대 드라마 공장이 글로벌 무대에 설 수 있는 날개를 달아주었다. 세계 스트리밍 드라마의 순위 집계 사이트 플릭스패트롤의 '월드와이드 톱 10'에는 〈사랑의 불시착〉, 〈청춘 기록〉, 〈스타트업〉, 〈경이로운 소문〉, 〈스위트홈〉 등 스튜디오드래곤의 작품이 대거 포함되었다.

스튜디오드래곤 작품이 아니더라도 넷플릭스 누적 시청 시간이 1억 시간이 넘는 한국 드라마를 꼽아보면 다음과 같다. 〈오징어 게임〉, 〈지금 우리 학교는 시즌 1〉, 〈더 글로리〉, 〈마이 네임〉, 〈사냥개들〉, 〈지옥 시즌 1〉, 〈소년심판〉, 〈종이의 집: 공동경제구역〉, 〈수리남〉, 〈셀러브리티〉(이상 넷플릭스 오리지널), 〈이상한 변호사 우영우〉, 〈킹더랜드〉, 〈환혼〉, 〈갯마을 차차차〉, 〈사내맞선〉, 〈일타 스캔들〉, 〈스물다섯 스물하나〉, 〈작은 아씨들〉, 〈닥터 차정숙〉, 〈그해 우리는〉(이상 넷플릭스와 케이블, 지상파 방송사 동시 방영 드라마) 등이다.

이처럼 K 모델은 실리콘밸리 모델 중 하나인 넷플릭스에 콘텐츠라는 중요한 연료를 공급하며 상호 성장했다. 이것은 싸이부터 방탄소년단까지 K 팝 세계 진출의 고속도로가 유튜브였던 것과도 일맥상통한다. 2012년 싸이의 〈강남 스타일〉이 유튜브에서 우연히 '발견'되어 전 세계적으로 히트를 쳤다. 한국 지상파 방송국에서 잘 상대해주지 않았던 방탄소년단은 유튜브를 통해 음원을 풀고 팬덤을 거대하게 키우는 전략으로 대성공을 거뒀다.•

이수만 SM엔터테인먼트 창립자는 "보아는 수년의 노력을 통해 일본 시장에 진출할 수 있었지만, 소녀시대는 미국 진출

• 홍석경 서울대학교 아시아연구소 한류연구센터장(언론정보학 교수)은 "K 콘텐츠 인기를 글로벌 스트리밍 서비스와 유튜브 등 디지털 문화가 만들어낸 보텀업bottom-up(상향식) 현상"이라면서 "해외에서는 음원을 공짜로 풀고 팬덤을 키워서 팬덤의 욕망으로 앨범을 팔고 콘서트 표를 파는 K 팝 공식을 아직 이해하지 못한다"라고 분석했다.

첫날 ABC 방송에 출연할 수 있었다"라고 말했다. K 엔터테인먼트계의 야심가였던 이수만은 유튜브, 페이스북 등 이른바 소셜 미디어의 중요성을 일찌감치 꿰뚫어 보았고, 이를 통해 소녀시대의 팬을 상당히 확보한 상황에서 미국에 진출하는 노련함을 보여주었다.**

사실 미국 엔터테인먼트 변방에 있던 넷플릭스도 한국 드라마 덕분에 할리우드의 거대한 제작 카르텔에 균열을 내고 세계 1위 스트리밍 서비스업체의 자리를 지킬 수 있었다. 넷플릭스는 지난 2016년부터 2021년까지 6년간 한국 시장에 약 1조 3,000억 원에 달하는 금액을 투자했으며 그동안 영화, 드라마, 애니메이션, 스탠드업 코미디, 예능 등 최소 130여 편 이상의 한국 작품을 방영했다.

이제 스튜디오드래곤은 한국을 넘어 세계시장의 드라마 공장으로 도약했다. 드라마 자체의 완성도와 넷플릭스가 주도한 스트리밍 시장의 급격한 확산이 폭발력을 일으킨 덕

** 2011년 이수만 SM엔터테인먼트 창업자는 '버추얼 네이션Virtual Nation(가상 국가)'이라는 화두를 꺼냈다. 이수만은 그해 열린 경영학회 통합 학술 대회에서 "전통적 개념의 국가와는 다른 가상 국가가 급부상하고 있다"며 "가상 국가에는 국적도 피부색도 상관이 없다"라고 강조했다. 한류 열풍을 이끈 SM이 가상 국가 중심에 설 수 있으며 적어도 아시아권에서는 최고가 될 것이라는 포부도 덧붙였다. 글로벌 플랫폼 유튜브가 막 부상한 시점이었다.

분에 K 드라마는 아시아를 넘어 북미, 유럽, 중동 등 다양한 지역에서 광범위한 열풍을 일으키고 있다. 스튜디오드래곤의 해외 매출 비중은 2019년 34%(약 1,608억 원)에서 2022년 53%(약 3,698억 원)로 수직 상승했다. 해외 거래처도 중국의 아이치이iQIYI, 애플TV+, 아마존 프라임 비디오, 디즈니+ 등으로 다양해졌다. 2020년 기준으로 스튜디오드래곤의 드라마 수출액(약 2,266억 원)은 한국 방송 전체 수출액 4억 8,000만 달러(약 5,200억 원)의 43%를 넘는 규모였다. 이제 스튜디오 드래곤의 시가총액이 모기업인 CJ ENM의 시가총액을 넘어서고 있다.

## 드라마 제작사 창립 붐

스튜디오드래곤의 성공 방정식을 모방해 압축 성장을 도모하는 제작사 창립 붐도 있었다. 스튜디오 SLL이 대표적인 '패스트 팔로어fast follower(새로운 제품, 기술을 빠르게 쫓아가는 전략 혹은 그 기업)다. 〈D.P.〉, 〈지옥〉, 〈지금 우리 학교는〉, 〈안나라수마나라〉, 〈종이의 집〉, 〈수리남〉, 〈재벌집 막내아들〉 등을 제작했다. 2021년엔 SLL이 매출 기준으로 스튜디오드래곤을 넘어설 정도로 몸집을 불렸다.

SLL의 뿌리는 2011년 12월 창립된 JTBC 콘텐츠 유통을 담당하는 제이콘텐트허브다. 이 회사는 이듬해 드라마하우스 법인과 합병해 드라마하우스앤드제이콘텐트허브가 되었고 이후 여러 차례 사명을 개편했다. 2022년에는 아예 JTBC라는 이름을 떼고 모기업의 색채가 없는 SLL이 되었다.•

한국방송통신대학교 미디어영상학과 이성민 교수의 분석에 따르면 한국 드라마 제작의 큰 특징 중 하나가 독립 제작사와 유통 채널(지상파 방송·케이블 방송·스트리밍 서비스업체)의 중간 지대에 자리 잡은 스튜디오가 있다는 점이다.

중간 지대의 스튜디오로는 방송 사업자 제작 조직이었다가 스튜디오로 진화한 스튜디오드래곤과 SLL, 통신 사업자와 연계된 KT의 스튜디오 지니, SK텔레콤과 지상파의 합작 형태로 출범한 스튜디오 웨이브, 웹툰 등 스토리 IP 역량을 영상으로 확장하기 위해 만든 네이버웹툰 산하 스튜디오 N 등이 꼽힌다.

• SLL은 여러 레이블을 흡수하며 성장했다. SLL 산하 레이블에는 BA엔터테인먼트, 윕 wiip, 드라마하우스, 베티앤크리에이터스, 스튜디오버드, 스튜디오슬램, 스튜디오피닉스, 앤솔로지스튜디오, 앤피오엔터테인먼트, 콘텐츠지음, 클라이맥스스튜디오, 퍼펙트스톰필름, 프로덕션에이치, 필름몬스터, 하우픽쳐스 등이 있다.

이들 중간 지대 스튜디오의 PD는 콘텐츠 기획과 지적재산권 확보 및 유통 전략을 총괄한다. 드라마 제작은 독자적인 프로덕션(독립 제작사)에서 담당하되, 다수의 채널과 협상하며 적재적소에 드라마를 최종 공급하는 일은 중간 지대의 기획 PD가 맡는다. 이들은 독립 제작사들의 부족한 지적재산권 비즈니스 역량까지 채우며 서로 이익을 극대화한다.

## 북미 시장에 던진 승부수

K 엔터테인먼트 설계자는 자본도 잘 다룬다. 이들은 월스트리트나 할리우드 뺨치는 기업 구조 개편이나 자금 유치, 인수합병을 서슴지 않고 해냈다. 네이버, 카카오, CJ 등은 해외에서 자금을 적극 유치하거나 해외 주요 제작사를 인수하며 판을 키웠다.

네이버가 2017년 5월 웹툰 사업을 물적 분할해 네이버웹툰으로 독립시킬 때만 해도 네이버웹툰의 목표는 국내 상장이었다. 그러나 2020년 8월 본사를 미국 로스앤젤레스로 옮기고 한국의 네이버웹툰을 미국 법인인 웹툰 엔터테인먼트 산하에 두는 대대적인 지배 구조 개편을 진행했다. 네이버웹툰이 미국 웹툰 엔터테인먼트의 한국 지사(웹툰 엔터테인먼트 코리아)가 된 셈인데, 이 과정에서 네이버는 미국 웹툰 엔터테인먼트에 추가로 약 4,000억 원을 투입했다.

## 월가도 울고 갈 베팅

네이버의 베팅은 여기서 끝나지 않는다. 2021년 5월 북미 웹소설 플랫폼업체 왓패드Wattpad를 6억 달러(약 6,600억 원)를 들여 사들이고 한국 1위 무협 웹소설 플랫폼 문피아, 시각 특수효과VFX 기업 로커스, 일본 전자책업체 이북 이니셔티브 재팬eBook Initiative Japan 등을 잇따라 인수했다.

네이버는 CJ-하이브-YG엔터테인먼트에 이르는 '동맹'도 주도한다. 2017년 YG엔터테인먼트에 1,000억 원 투자, 2020년 CJ 그룹과 총 6,000억 원어치의 지분 교환(CJ 대한통운 3,000억 원, CJ ENM 1,500억 원, 스튜디오드래곤 1,500억 원), 2021년 하이브의 팬덤 플랫폼 위버스컴퍼니에 4,119억 원 투자를 통해 지분을 나눴다.

2019년까지만 해도 카카오의 웹툰·웹소설 서비스 자회사 플랫폼 카카오페이지도 단독 상장을 추진했으며, 당시 카카오페이지 기업 추정 가치는 1조~4조 원 수준이었다. 그러나 카카오는 산하 엔터테인먼트 계열사를 합쳐 덩치를 키우고 나스닥에 상장하는 더 큰 그림을 그렸다.

2021년 3월 카카오페이지와 영상·매니지먼트 자회사 카카오M이 전격 합병해 카카오엔터테인먼트가 출범했고, 같은 해 9월 카카오에서 분사한 음원 스트리밍 회사 멜론Melon•까지 더해져 카카오엔터테인먼트는 단숨에 한국 3대 엔터테인먼트 회사의 반열에 오른다(매출 기준).

카카오는 카카오엔터테인먼트가 웹툰·웹소설을 드라마와 음반으로 제작하고 해외시장에 다양한 형태로 동시다발적으로 파는 수직 계열화를 이루면, 기업 가치 20조 원에 이르는 나스닥 상장 기업이 될 수 있다고 기대했다. 카카오엔터테인먼트는 팬데믹 기간 풍부한 유동성을 바탕으로 북미 웹툰업체 타파스엔터테인먼트와 웹소설업체 래디쉬 등을 인수하는

• 카카오는 2016년 음악 서비스 회사 '멜론'을 운영하는 콘텐츠·연예 기획사 로엔엔터테인먼트 지분의 76.4%를 1조 8,700억 원에 인수한 후 엔터테인먼트 제국을 건설하기 위해 수십 건의 인수 합병을 단행해왔다.

데도 1조 원을 썼다.•

짙은 보랏빛으로 물들어가는 밤하늘 아래에서 탭댄스를 추는 영화 〈라라랜드〉의 남녀 주인공을 기억하는 사람들이 적지 않을 것이다. 2021년 말 CJ 그룹 계열사인 CJ ENM은 영화 〈라라랜드〉 등을 만든 미국 제작사 엔데버 콘텐트Endeavor Content를 전격 인수했다. CJ ENM이 경영권이 포함된 지분 약 80%를 인수하는 데 들인 비용은 9,200억 원에 달했다.

미국 스포츠&엔터테인먼트 그룹 엔데버 그룹 홀딩스Endeavor Group Holdings가 2017년 창립한 엔데버 콘텐트는 〈라라랜드La La Land〉 외에도 〈콜 미 바이 유어 네임Call Me by Your Name〉, 영국 BBC 인기 드라마 〈킬링 이브Killing Eve〉, 〈더 나이트 매니저The Night Manager〉 등을 제작하거나 배급에 참여했다.

CJ ENM의 엔데버 콘텐트 인수에 대한 미국 현지 매체의 관심도 대단했다. 《월스트리트 저널》, 《뉴욕타임스》, 《LA타임

• 카카오 입장에서 'K 팝 왕국' SM엔터테인먼트 인수는 수직 계열화한 엔터테인먼트 제국 건설의 마지막 퍼즐 조각을 맞추는 일이었다. 2023년 3월 카카오와 카카오엔터테인먼트는 SM 지분 35%를 1조 2,500억 원에 인수한다. 두 달 앞서 카카오엔터테인먼트가 빈 살만 사우디아라비아 왕세자 펀드로 알려진 사우디아라비아 국부 펀드PIF와 싱가포르투자청에서 1조 2,000억 원 규모의 지분 투자를 받은 게 SM을 인수할 때 큰 도움이 되었다.

스》, 《포브스》, 《버라이어티》, 《할리우드 리포터》 등이 이 소식을 비중 있게 다뤘다.

할리우드에서 〈기생충〉 제작자로 이름을 알린 이미경 CJ 부회장[••]의 존재감은 더 커졌다. CJ ENM은 엔데버 콘텐트의 사명을 '피프스 시즌FIFTH SEASON'으로 변경하고 미국 중심으로 CJ ENM 글로벌 사업을 총괄하는 글로벌 CGO 직책까지 만들었다.

## K 콘텐츠의 막강한 존재감

오프라인 세상을 셧다운시킨 팬데믹 기간 동안 전 세계는 K 콘텐츠의 다이내믹함과 세련됨에 매료됐다. 촘촘하게 뻗은 스트리밍 네트워크(유튜브·넷플릭스·스포티파이)를 타고 'K의 대발견'이 이뤄진 것이다. '엔터테인먼트 코리아'에 감염병과 셧다운은 발흥의 기회였던 셈이다. 네이버와 카카오는 나스닥 상장으로, CJ는 미국 톱 제작사 인수로 글로벌 전략을 업

•• 이미경 부회장은 CJ가 투자·배급한 영화 〈헤어질 결심〉의 제작 총괄자이자 〈브로커〉의 제작 투자자이기도 하다. 2022년 5월 28일 프랑스 칸 영화제에서 〈헤어질 결심〉의 감독 박찬욱과 〈브로커〉의 주연 배우 송강호가 각각 감독상과 남우 주연상을 받았다.

방시혁 의장(위)과 이타카 홀딩스 대표 스쿠터 브라운(아래)이 하이브의 이타카 홀딩스 인수를 축하하고 있다.

그레이드하며 더 큰 야망을 드러냈다.

한국 엔터테인먼트 4대 천황 중 하나인 하이브도 이 시기에 퀀텀 점프(비약)를 위한 승부수를 던졌다. 2021년 4월 하이브는 자회사 하이브 아메리카(구 빅히트 아메리카)를 통해 미국 엔터테인먼트 기업 이타카 홀딩스의 지분 100%를 인수했다. 아리아나 그란데, 저스틴 비버 등 대형 스타들이 소속된 이타카 홀딩스의 인수 규모는 10억 5,000만 달러(약 1조 1,860억 원)로 한국 엔터테인먼트 기업 역사상 최대 규모였다. 한국 음반 기획사가 해외 레이블을 인수한 것도 처음이었다. 여러 기획사를 거느리는 멀티 레이블 체제는 하이브가 방탄소년단에 대한 의존도를 낮추는 전략이기도 했다. 하이브가 2020년 10월 상장할 당시 방탄소년단이 전체 매출에서 차지하는 비중은 88%에 달했지만, 2022년 1분기에는 50~60%로 낮아졌다.

앞서 언급한 것처럼 전자책과 웹툰·웹소설을 서비스하는 스타트업 리디가 국내 콘텐츠 플랫폼 스타트업 가운데 최초의 유니콘에 등극하기도 했다. 2021년 리디는 싱가포르투자청, 산업은행, 엔베스터, 에이티넘인베스트먼트에서 1,200억 원을 투자받으면서 기업 가치 1조 6,000억 원을 인정받았다.

2020~2022년 한국 엔터테인먼트 대기업부터 스타트업까

지 보여준 공격적인 행보는 세계시장, 특히 가장 큰 북미 시장을 향한 경영 전략의 과감한 재설계였다. 시기적으로 보면, 유엔무역개발회의UNCTAD에서 한국의 지위를 바꾼 시점과 겹친다. 2021년 7월 유엔무역개발회의에서 한국의 지위를 개발도상국에서 선진국으로 변경했다. 1964년 이 기구가 생겨난 이래 개발도상국이 선진국으로 지위가 바뀐 것은 한국이 처음이었다. 2021년엔 드라마 〈오징어 게임〉이 46일 전 세계 연속 1위, 방탄소년단 빌보드 차트 7주 연속 1위 등 'K 소프트 파워' 바람이 거세게 불기도 했다.

## 포스트코로나 시대의 도전

코로나 상황이 종료되면서 K 모델은 새로운 도전을 맞는다. 미·중 갈등 격화, 금리 상승, 물가 급등 등으로 경기 침체가 찾아왔고, 외부 활동이 잦아진 탓에 사람들이 인터넷에 접속하는 시간도 눈에 띄게 줄면서 '디지털', '커넥티드' 상품인 K 스토리업계에 위기가 찾아왔다.

다시 K 모델의 구조를 살펴보자. '웹툰·웹소설 원작 → 드라마 제작사의 판권 매입 → 온라인 동영상 서비스(스트리밍 서비스·OTT)에 드라마 공급 → 지적재산권 매출 다각화' 라는 K 모델에는 강점도 많지만 보완해야 할 결정적인 약점도 있다.

우선 웹툰·웹소설 플랫폼은 세계시장으로 뻗어나가는 중이라는 점이다. 이 스토리 보물 창고는 아직 전 세계의 지배적인 스토리 소비 플랫폼으로 발전하지 못했다. 애플, 아마존 등이 웹툰 서비스를 테스트하면서 시장을 장악하기 전에 경쟁부터 격화할 조짐마저 보이고 있다.•

네이버 내부 데이터에 따르면, 한국 웹툰 이용자의 26%가 결제로 이어지지만, 미국 웹툰 이용자의 결제 비율은 4%에 그친다. 미국 웹툰 비즈니스가 여전히 적자인 이유다. 네이버의 콘텐츠 사업은 2022년 매출 1조 5,599억 원을 기록했지만 3,699억 원의 영업 손실을 냈다. 그러나 네이버웹툰 측은 2023년 흑자 전환하고 2024년 미국 법인 웹툰엔터테인먼트가 나스닥에 상장할 것으로 자신하고 있다.

카카오는 스토리(웹툰·웹소설)–미디어(드라마·영화 제작)–음악(기획·제작·스트리밍)에 이르는 수직 계열화한 엔터테인먼트 생산·유통 체계를 갖추는 데 주력해왔다. 그러나

• 황순민, 「네카오가 키운 웹툰 … 美 빅테크들 눈독」, 《매일경제》, 2023. 4. 20.

'스토리+미디어+음악'으로 수직 계열화의 시너지를 낼 방안을 확실하게 찾은 것은 아니다. 인수한 회사들과 합을 맞춰가며 비즈니스 모델을 고도화하는 와중에 공격적인 인수 합병에 따른 재무 부담이 커졌다. 그 때문에 카카오엔터테인먼트는 2023년 6월 고연차 직원을 대상으로 희망퇴직 신청을 받았다.

K 모델의 더 치명적인 약점은 티빙, 웨이브, 왓챠 등 한국 스트리밍 서비스업체가 대규모 적자를 보고 있다는 점이다. 2022년 티빙은 1,191억 원의 영업 적자를 기록했는데, 이는 2021년(762억 원)보다 적자 규모가 56.2% 커진 수치다. 웨이브도 2021년 손실액인 558억 원의 2배가 넘는 1,217억 원의 영업 손실을 기록했다.

티빙의 최대 주주는 CJ ENM으로 48.85% 지분을 보유하고 있다. 네이버, KT스튜디오지니, SLL중앙 등이 10~13% 지분을 들고 있다. 웨이브의 최대 주주는 SK스퀘어로 36.4%의 지분을 보유하고 SBS, MBC, KBS가 각각 21.2%의 지분을 가지고 있다. 티빙이 CJ ENM과 네이버, SLL의 연합체라면 콘텐츠웨이브는 SK스퀘어와 공중파 연합이다.

K 모델이 제대로 자리 잡으려면 확고한 스토리 유통 채널을 확보해야 한다. 실제로 2023년 초 기준 코로나19 펜데믹

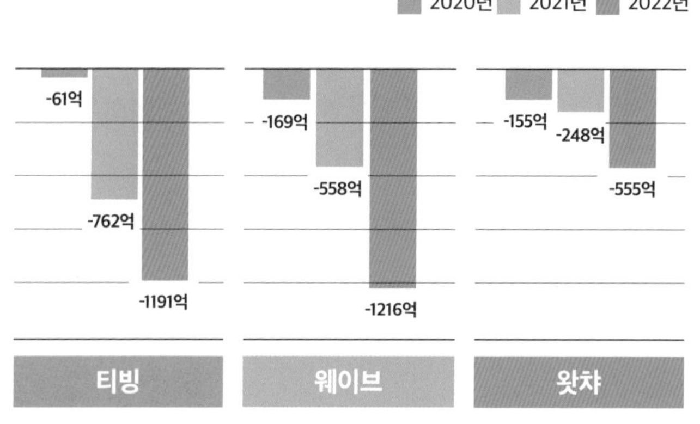


출처: 각 사

기간에 K 콘텐츠 바람을 타고 대거 사전 제작된 드라마 80편이 갈 곳을 찾지 못하는 일까지 벌어졌다. 지상파 3사를 비롯, 케이블 채널 tvN 등이 광고 축소를 이유로 수목 드라마를 폐지하고 드라마 편성을 줄였으며, 티빙과 웨이브 등도 경영난으로 신작 방영에 소극적이었기 때문이다.

티빙과 웨이브가 합병해 규모의 경제를 만들어야 한다는 목소리도 나온다. 2023년 6월 기준 넷플릭스의 월간 활성 사용자 수는 1,142만 명으로 티빙(519만 명), 웨이브(395만 명)를 합친 것보다 훨씬 많다(모바일 인덱스 기준).

다만, 두 회사의 복잡한 지분 구조 때문에 주주의 합의를 이끌어내기가 쉽지 않다. 게다가 2023년 9월 KBS는 자체 무료 스트리밍 서비스 'KBS+'를 내놓으면서 웨이브의 힘을 빼는 모습까지 보였다.•

최주희 티빙 대표는 "디지털 플랫폼의 혁신으로 산업의 재편이 가속화되면서 콘텐츠의 경계, 포맷의 경계, 플랫폼의 경계가 모호해지고 있다. CJ ENM은 미국 파라마운트사와 협력 관계를 갖고 있는데, 이 같은 파트너십을 통한 글로벌 진출을 다각적으로 고민하고 있다"고 말했다.

K 컬처의 좋은 본보기는 세계로 뻗어가는 K 팝이다. 사실 K 팝도 유튜브라는 실리콘밸리 모델이 만든 콘텐츠 유통 플랫폼에 의존해 성장했지만, 한국의 주요 음반 기획사는 자체 팬덤 플랫폼을 빠르게 구축하는 영민함으로 비즈니스 주도권을 놓지 않고 있다. 하이브 '위버스', SM엔터테인먼트 자회사 디어유의 '버블' 등의 팬덤 플랫폼은 아이돌과 관련된 다양한 상품과 서비스를 소비하고 팬 활동을 하는 디지털 공간이다.•• 한국 음반 기획사는 팬 모집과 팬 관리부터 공지, 자체

• KBS+는 KBS 1·2 TV 및 KBSN의 5개 채널(드라마·조이·스토리·키즈·라이프) 실시간 방송과 다시 보기, 5만여 건의 드라마·예능·시사 교양 콘텐츠 등을 제공한다.

콘텐츠 유통, 굿즈 판매, 이벤트 예매, 그리고 팬-스타 간, 팬-팬 간 소통까지 자체 구축한 팬덤 플랫폼에서 이뤄지도록 함으로써 부가가치가 높은 다양한 사업에서 유튜브에 대한 의존도를 낮출 수 있었다.

•• 네이버의 팬덤 플랫폼 V라이브는 위버스 운영사 BNX로, 엔씨소프트의 팬덤 플랫폼 유니버스는 디어유로 넘어갔다.

# IP 비즈니스에 눈을 뜨다

2018년 박서준, 박민영 주연으로 인기리에 방영된 tvN 드라마 〈김비서가 왜 그럴까〉의 원작은 2013년 로맨스 소설 인터넷 커뮤니티 '로망띠끄'에서 연재된 웹소설이다. 같은 해 국내 서점에서 로맨스 장르 부문 1위에도 올랐다.

이 소설은 2014년부터 카카오페이지에서 재연재되면서 당시 5,000만 조회 수를 기록했고, 오프라인 책 판매보다 더 많은 수익을 올렸다. 웹소설은 곧 웹툰과 드라마로 제작되었

**화산은 사라지지 않는다, <화산귀환> 첫번째 단행본 제작**

모인금액

817,874,005원 2044%

남은시간

16일

후원자

14,893명

| 목표금액 | 40,000,000원 |
| --- | --- |
| 펀딩 기간 | 2022.06.29 ~ 2022.07.29 16일 남음 |
| 결제 | 목표금액 달성시 2022.07.30에 결제 진행 |

19865  2540 이 프로젝트 후원하기

팬덤이 두꺼운 〈회산귀환〉은 IP 비즈니스 다각화의 성공적인 사례다.

는데, 드라마가 흥행에 성공하면서 웹툰도 대박을 터뜨렸다. 웹소설을 원작으로 창작된 만화를 '노블코믹스'라고 한다.

〈김비서가 왜 그럴까〉가 웹툰·웹소설 지식재산권을 활용한 고전적 사례라면, 무협 웹소설 〈화산귀환〉은 웹툰·웹소설 IP가 어디까지 진화할 수 있는지 보여주는 최신 사례다. 2019년부터 네이버에 연재 중인 〈화산귀환〉은 2023년 2월 기준 누적 매출이 역대 최고인 400억 원을 돌파했다.

2021년엔 웹툰 〈화산귀환〉이 나왔고 2023년엔 종이 만화책으로 출간됐다. 이 만화책은 주요 서점 베스트셀러 종합 10위권에 오르기도 했다. 팬덤이 강한 시리즈물인 덕분에 〈화산귀환〉 웹소설 단행본 제작 크라우드 펀딩 프로젝트에 12억 8,000만 원이 모였다. '화산귀환 오디오드라마 시즌 2' 크라우드 펀딩 프로젝트도 목표액 8,000만 원의 9배에 가까운 7억 원이 모금되었다. 〈화산귀환〉을 모티브로 한 향수도 나왔는데, 온라인 스토어에서 1만 개가량 팔려나갔다.

네이버웹툰의 웹툰·웹소설 IP를 활용한 흥미로운 수익 다각화 사례를 꼽아보면, 신용카드PLCC 출시(삼성카드와 제휴, 포인트 적립 혜택), 팝업 스토어(〈마루는 강쥐〉), 도서 펀딩(〈가비지타임〉·〈화산귀환〉), 게임 퍼블리싱(〈고수〉·〈여신강림〉), 드라마 제작, 중국 애니메이션 방영(〈이두나!〉), 제페토 아이템 출시 및 팬 미팅(《재혼황후》), 북미 출판(《신의탑》), 창극 공연(《정년이》), 예능 방영(《웹툰싱어》), OST 및 졸업 앨범(《연애혁명》) 등이 있다.*

이제 웹툰·웹소설 작가들이 IP 비즈니스를 염두에 두고 작품을 연재한다. 예전엔 작가들의 주요 관심사가 웹툰 미리 보기 매출 정도였는데, 최근엔 작품의 판권이 팔려 영상화될 수 있는지에도 높은 관심을 보이고 있다. 드라마로 제작되거나 굿즈(기념 상품)나 게임으로 만들어지면 '미리 보기 매출'과 '다시 보기 매출'이 늘어난다. 무엇보다 IP 활용처가 늘면 작품의 생명력이 길어진다. 팬들이 지속적으로 관심을 갖기 때문이다.

드라마 제작사들도 IP에 눈을 뜨기 시작했다. 2022년 신생 채널에서 방영된 한국 드라마가 있었다. 첫 회 시청률은 0.9%에 불과했지만, 마지막 회 시청률은 17.5%에 달했다. 화제의 드라마 〈이상한 변호사 우영우〉(이하 〈우영우〉) 이야기다. 〈우영우〉는 인지도가 높지 않은 케이블 채널 ENA**에서

* 네이버웹툰에 따르면 영상, 출판, 게임, 음원 등 IP 비즈니스에서 추가 수익을 얻은 작품 수는 2013년 8개에서 지난해 415개로 늘었다. 2013년 단 1편에 불과했던 연 거래액 1억 원 이상 작품 숫자는 지난해 904편으로 늘었다. 2025년까지 월 평균 500만 원의 IP 비즈니스 매출을 발생시키는 작품을 연간 500개 이상으로, 2028년까지 연간 거래액이 1억 원 이상인 작품을 2,000편까지 확보하는 게 네이버의 목표다.

방영됐지만 〈우영우〉 제작사인 에이스토리 이상백 대표는 넷플릭스로부터 상당한 제작비를 받을 수 있는 '넷플릭스 오리지널'을 포기했다고 밝혔다. 〈우영우〉의 IP를 확보하기 위해서였다. 드라마 제작사가 외주를 맡아 그 수익으로 생존하고, 또다시 외주를 맡는 데 주력하는 악순환에서 벗어나는 길은 IP를 확보하는 것이라고 설명했다. 〈우영우〉의 경우 방영권 판매만 가능한 채널을 찾다 보니 신생 채널인 ENA로 가게 됐다고 한다.

2004년 창립된 에이스토리는 2016년 〈시그널〉, 2018년 〈우리가 만난 기적〉, 2019~2022년 〈킹덤 I〉, 〈킹덤 II〉를 제작했다. 에이스토리는 한국 최초 넷플릭스 오리지널 시리즈 〈킹덤〉 제작을 맡아 큰 성공을 거뒀지만, 〈킹덤〉의 게임 제작 관련 IP만 소유하고 있다. 에이스토리는 〈우영우〉의 모든 IP를 보유하고 있으며 웹툰, 뮤지컬 등 다양한 IP 사업을 기획 중이다.

2021년 경제협력개발기구OECD의 IP 사용료 수입·지급 현황에 따르면, 한국이 IP를 통해 벌어들인 돈은 80억 7,000만 달러로 일본(481억 7,400만 달러)에 크게 못 미친다. 일본은 〈드

•• ENA는 KT 그룹의 계열사 skyTV가 운영하는 종합 드라마·오락 채널인데, 2022년 4월 29일 SKY에서 ENA로 채널명을 변경했다.

래곤볼〉, 〈포켓몬〉, 〈슈퍼마리오〉같이 세계적으로 성공한 IP를 다수 보유하고 있다. 한국은 IP 역사가 일본에 비해 짧다. 일본 애니메이션 〈아톰〉, 유명 캐릭터 '헬로키티'가 나온 게 각각 1952년, 1974년이었다. 한국 콘텐츠 산업은 인터넷이 발달한 이후인 2000년대부터 게임, K 팝, 드라마를 중심으로 발전해왔으며, IP 비즈니스의 역사도 일본에 비해 짧은 편이다.

전문가들은 '슈퍼 IP'를 만들어 다양한 비즈니스 기회로 연결하는 데는 시간이 걸리겠지만, 한국 특유의 모델이 나올 가능성은 있다고 본다. 김일중 한국콘텐츠진흥원 혁신·IP전략TF팀장은 "일본은 강력한 오프라인 유통망을 바탕으로 촘촘하게 짜인 IP 수익 창출 수단이 있는 반면, 큰 내수 시장에 의존하다 보니 세계화가 덜 되어 있다"면서 "한국의 경우 역사는 짧지만, 디지털에 대한 이해도가 높고 세계로 연결된 플랫폼 활용 능력이 뛰어나다"라고 설명했다.

# 7
# CHAPTER

# 무료 스트리밍 서비스, 새로운 시장

## 유료 구독제를 위협하는 플루토TV, 삼성, LG, 로쿠의 도전

플루토TV, 로쿠 채널 등 가입이나 결제 절차 없이 한물간 드라마나 예능을 틀어주는 무료 스트리밍 서비스의 성장이 무섭다. 시청할 콘텐츠를 적극적으로 고르지 않는 시청자들의 틈새시장을 정확히 공략한 것이다. 광고 시청 완료율도 높아 삼성전자, LG전자 역시 광고 수익을 기대하며 무료 스트리밍 시장, 이른바 FAST에 본격적으로 뛰어들었다.

# 무료 스트리밍의 역습

**"사람들은 공짜라면 양잿물이라도 마십니다."**

2016년 강연장에서 만난 신창연 여행박사 창업자가 한 말이다. 여행박사는 '9만 9,000원 일본 여행', '도쿄 올빼미 여행' 등을 잇따라 내놓은 한국 관광업계의 히트 상품 제조 회사다.

미국의 무료 스트리밍 서비스 '플루토TVPluto TV'의 무서운 돌풍을 보면서 그의 말이 떠올랐다. 플루토TV는 미국 전체 TV 시청 시간 점유율 경쟁에서 '마의 1%' 벽을 넘어섰다(2022년 9월 닐슨 조사).

지상파 방송, 케이블 방송 등을 모두 합친 전체 미국 TV 시청 시간에서 점유율 1%는 결코 적지 않은 수치다. 2022년 9월 조사에서 유튜브 8%, 넷플릭스 7.3%, 훌루 3.8%였고 아마존의 프라임 비디오와 월트 디즈니 컴퍼니의 디즈니+는 각각 2.9%와 1.9%로 나타났다.

## 역발상이 황금알을 낳았다

여행박사 창업자가 현장에서 부딪히며 체득한 인간이란 최근 행동경제학자들이 연구에서 밝힌 대로 손실을 극도로 회피하는 나약한 존재였고, 무료는 언제나 잘 먹히는 마케팅 전략이었다. 이 만고의 진리는 이제 스트리밍 시장에서도 확인되며 시장의 물줄기를 크게 바꿔놓고 있다.

플루토TV는 2013년 창립된 미디어 스타트업이다. 넷플릭스가 정치 드라마 〈하우스 오브 카드〉로 스트리밍 혁명을 활짝 열어젖힌 그때, 톰 라이언Tom Ryan 플루토TV 창업자 겸 당시 CEO는 좀 다른 생각을 했다.

한물간 드라마를 틀어주는 플루토TV의 전략은 성공적이었다.

'그냥 긴장을 풀고 소파에 기대 TV를 보고 싶은 사람들도 꽤 있을 거야.'

톰 라이언은 유료 스트리밍 서비스가 아니라 무료 스트리밍 서비스를 만들었다. 수억 달러를 쏟아부어 드라마를 제작하지 않고 한물간 드라마와 애니메이션, 뮤직비디오 등을 틀었다. 플루토TV는 'No Credit Card', 'No Email or No Password'를 지속적으로 강조한다. 신용카드도 필요 없고 회원으로 가입할 필요도 없는 '순도 100%' 무료라는 것이다.

게다가 플루토TV에서 선호하는 채널을 선택하면 옛날

TV처럼 온종일 방송이 나온다. 옛날 방송 스타일은 저관여 시청자한테 잘 맞았다. 때로는 보고 싶은 콘텐츠를 검색하고 클릭하는 것조차 귀찮아 하기 때문이다. 무료의 힘은 컸고 플루토TV의 월간 활성 사용자 수는 줄곧 상승 곡선을 그렸다. 플루토TV와 같은 무료 스트리밍 서비스는 유료 구독 서비스에 비해 해지율도 낮았다.

2019년, 미국 4대 미디어 그룹 중 하나인 파라마운트 글로벌(옛 비아콤CBS)이 플루토TV를 3억 4,000만 달러(약 4,427억 원)에 인수했다. 파라마운트와 플루토TV는 '찰떡궁합'이었다. 파라마운트 산하 CBS의 방송 프로그램 〈60분60 Minutes〉, 〈CSI〉 채널 등을 플루토TV에 개설하자 플루토TV 월간 활성자 수가 3년 만에 3배 이상 증가했다. 2023년 말이면 월간 활성자 수가 1억 명을 넘어설 것으로 보인다.

플루토TV의 수익 모델은 광고다. 드라마, 뉴스, 코미디 등 100개가 넘는 채널을 보려면 중간중간 광고를 봐야 한다. 그러나 회원 가입조차 필요 없는 무료 서비스여서 사용자의 저항이 크지 않다. 2022년 플루토TV는 무려 11억 달러(약 1조 4,580억 원)가 넘는 광고 수익을 올렸을 것으로 추정된다. 무료 스트리밍 서비스의 광고는 건너뛰기를 할 수 없기 때문에 광고주가 눈여겨보는 지표인 광고 시청 완료율도 매우 높은 편이다.

LG전자는 웹OS를 적용한 LG 스마트 TV를 통해 다양한 맞춤 콘텐츠를 제공한다.

## "박스 장사에 머무르지 않겠다"

무료 스트리밍 서비스 시장에 눈독을 들이고 있는 국내 기업은 바로 삼성전자와 LG전자다. 이들이 판매하는 TV의 평균 교체 주기는 대략 7년으로, TV를 판매한 고객한테 다시 TV를 팔아 추가 매출을 올리려면 몇 년을 기다려야 했다. 그런데 삼성전자와 LG전자가 3~4년 전부터 애플이 아이폰, 아이패드 등 각종 기기를 판매한 후 소프트웨어와 서비스로 돈을 벌어들이는 것처럼 인터넷과 연결된 스마트 TV를 팔면서 기기 판매 외 수익을 창출하고 있다.

삼성전자와 LG전자는 영화, 드라마, 예능, 뉴스, 스포츠 등 각양각색의 콘텐츠를 무료로 제공하고 이 채널에 광고를 붙이기 시작했다. 삼성전자가 운영 중인 '삼성TV플러스'와 LG전자가 운영 중인 'LG채널'의 하위 채널만 각각 2,000개, 3,000개에 달한다.

삼성전자와 LG전자가 TV 광고 비즈니스에 도전하는 이유는 두 회사가 전 세계 프리미엄 스마트 TV 시장을 석권한 양대 산맥이기 때문이다. 2022년 기준 삼성전자가 세계 TV 시장에서 17년 연속 판매 1위를 기록했고, LG전자는 올레드 OLED(유기 발광다이오드) TV 시장에서 10년 연속 세계 1위를 차지하고 있다. 연간 TV 출하량은 삼성전자가 약 4,000만 대, LG전자가 약 2,500만 대에 달한다. 누적 판매 대수로 따지면 두 회사는 수억 대의 TV를 판 것인데 이는 대규모 잠재 오디언스audience를 만날 접점을 만들어놓은 것이나 다름없다.

삼성전자가 2022년 광고와 앱 수수료 등으로 벌어들인 돈이 1조 원에 육박한 것으로 알려져 있다.• 같은 해 LG전자

• 삼성전자에서는 스마트TV 콘텐츠와 서비스 개발을 주도한 이원진 무선·VD서비스 사업팀장이 현역 기업 임원 중 연봉 3위에 오르기도 했다(2022년 기준). 그는 1991년 LG전자 엔지니어로 경력을 시작해 한국액센츄어, 어도비코리아, 구글을 거쳐 2014년 삼

TV 사업 광고 매출도 2018년 대비 10배 성장했다. 삼성전자와 LG전자가 더 이상 박스(하드웨어) 장사에만 만족하지 않을 기세다.

## 세계 1위 스트리밍 기기, 로쿠

북미에선 한국인에게는 생소한 로쿠가 활약 중이다. 로쿠는 '스트리밍 시대의 숨은 강자'라는 별명을 가지고 있다. 로쿠는 TV에 연결하는, 넷플릭스 등을 볼 수 있는 일종의 저가·소형 셋톱박스를 만들어 대박을 냈다. 놀랍게도 전 세계에서 인터넷으로 영상을 시청할 때 가장 많이 쓰는 단말기가 로쿠다.

2022년 2분기 「콘비바 보고서Conviva's State of Streaming」에 따르면, 전 세계 인터넷 영상 단말기 점유율 1위는 로쿠(23.1%)였고 아마존 파이어TV가 2위(12.1%), 삼성전자 스마트 TV가 3위(10.4%)였다.

4K와 HDR을 지원하는 로쿠 스트리밍 스틱(2021년형) 가

성전자에 합류했다. 외부에서 영입된 그가 2021년 7월 사장으로 승진하고 2022년 50억 원이 넘는 연봉을 받은 이유도 TV 사업을 하드웨어 판매에서 콘텐츠·서비스 판매로 확장하는 데 기여했다고 평가받았기 때문이다.

저가형으로 선보인 로쿠 스트리밍 스틱.

격이 39.99달러(약 4만 4,600원)에 불과하다. TV의 HDMI 단자에 이 스틱을 꽂으면 넷플릭스, 아마존 프라임 비디오, 디즈니+ 등 유료 서비스부터 BBC 아이플레이어 같은 무료 채널과 애플TV+의 건별 영화 결제 서비스에 이르기까지 전 세계 4,000개가 넘는 유·무료 채널을 손쉽게 볼 수 있다.

한국에서는 통신 3사들이 초고속 인터넷 서비스와 IPTV를 묶어 상대적으로 저렴한 가격으로 콘텐츠를 제공하기 때문에 로쿠 같은 스트리밍 기기의 위력을 실감하기 어렵다.

하지만 월 100달러(약 13만 원)에 달하는 유료 케이블 방송을 시청하는 것이 일반적이었던 미국에서는 넷플릭스가 혜성처럼 등장했을 때 너도나도 로쿠가 만든 스트리밍 기기를 구매해 유료 방송을 해지하고 넷플릭스를 구독했다. 최근 로쿠는 자체 브랜드 TV까지 내놓았다. 24인치 119달러(약 15만 원) 모델에서 75인치 999달러(약 130만 원) 모델까지 종수도 11개에 이른다.

삼성전자와 LG전자가 삼성TV플러스와 LG채널을 만든 것처럼 로쿠도 '로쿠 채널'을 만들어 짭짤한 광고 수익을 올리고 있다. 흥미로운 것은 로쿠의 매출 비중 변화다. 2016년까지만 해도 전체 로쿠 매출의 70% 이상이 스트리밍 기기 판매 등 하드웨어가 차지했지만, 2021년 1분기부터는 로쿠 채널 등 서비스와 소프트웨어 매출이 전체의 80% 이상을 차지한다.

## 커넥티드 TV라는 다크호스

삼성전자와 LG전자, 그리고 미국의 로쿠, 비지오 등이 막강한 기기 공급 물량을 바탕으로 콘텐츠 애그리게이터aggregator(여러 회사의 상품, 서비스 정보를 모아 웹사이트에서 제공하는 인터넷 회사 혹은 사이트)가 되고 있으며, 무료 스트리밍 서비스를 강력한 태풍으로 만들고 있다.

이 같은 추세에 광고 전문가들도 이른바 '커넥티드 TV Connected TV, CTV' 진영이 광고업계의 다크호스라고 진단하고 있다. 앞서 언급한 삼성전자와 LG전자의 스마트TV나 인터넷 연결을 도와주는 스트리밍 기기(로쿠 스틱·크롬캐스트·파이어TV·애플TV), 비디오게임 기기(X박스·플레이스테이션·위) 등이 인터넷과 연결된 대표적인 커넥티브 TV 진영 기업이다.•

시장조사업체 스태티스타Statista에 따르면, 2021년 글로벌 동영상 광고 노출 수에서 커넥티드 TV 광고 비중이 46%로 모바일 광고 비중(39%)을 앞질렀다. 253쪽의 표는 미국 시장조사업체 이마케터가 미국 선형 TV(지상파 방송과 케이블 방송)와 커넥티드 TV(훌루·로쿠·유튜브 등 커넥티브 기기를 통한 방송)의 광고 물량과 추이를 전망한 자료다.

• 모티브인텔리전스는 국내 최초로 커넥티드 TV 기반 디지털 광고 거래 플랫폼을 내놓은 회사다. 모티브인텔리전스는 인터넷에 연결된 커넥티드 TV 광고의 장점을 네 가지로 꼽는다. 첫째, TV 광고지만 모바일 광고처럼 다양한 데이터(쇼핑 데이터 등)와 통합해 개인별 타깃 광고가 가능하다. 둘째, 여러 광고 영역을 통합 운영해 광고 도달과 예산 운용의 효율을 높일 수 있다. 셋째, 전통 TV 광고와 마찬가지로 대형 화면으로 고화질 광고를 송출할 수 있다. 넷째, TV, 모바일, PC 등을 종합적으로 활용한 크로스 디바이스cross-device 광고 캠페인이 가능하다. 또 다른 조사에 따르면, 동영상이 TV 화면에서 재생되면 친구나 가족과 함께 시청하는 기회가 많아지고 광고를 볼 때 반응의 강도가 2배로 커진다고 한다. PC·모바일 화면보다 TV 화면에서 광고를 끝까지 시청하는 완료율도 높은 것으로 알려져 있다.

**미국 선형·커넥티드 TV 광고 물량 추이**(단위: 달러)

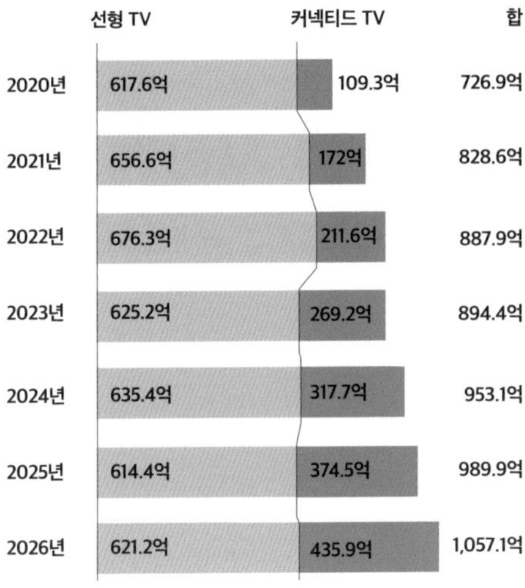


출처: 이마케터(2022년 10월)

2020년 100억 달러 규모였던 커넥티드TV 광고 물량이 2026년 400억 달러를 돌파하는 반면 같은 기간 선형 TV 물량 변화는 거의 없을 것으로 보인다.

# FAST 시장에 뛰어드는 기업들

미국 스트리밍 서비스의 전쟁터는 유료에서 무료로 확실히 옮겨 가고 있다. 드라마 제작 단가 상승으로 '돈 먹는 하마'가 된 유료 스트리밍 시장에 새롭게 진입하는 사업자가 눈에 띄게 줄었고, 무료 스트리밍 시장은 본격적으로 달아오르고 있다.

미국 미디어·엔터테인먼트 대기업은 무료 스트리밍 서비스를 하나씩 갖고 있다. 파라마운트의 플루토TV를 비롯해 폭스의 '투비', 컴캐스트의 '슈모Xumo' 등이다. 2023년 7월 닐슨이 집계한 미국 TV 시청 시간 점유율 조사에서 폭스의 투비가 워너 브러더스 디스커버리의 유료 스트리밍 서비스 맥스Max와 같은 점유율(1.4%)로 동률을 기록하기도 했다.

5장에서 잠깐 언급한 대로 아마존은 프리비TV를 내놓았고 미국 1위 셋톱박스 판매업체 로쿠는 로쿠 채널을 운영 중이다. 세계에서 가장 많은 스마트 TV를 파는 삼성전자와 LG전자도 각각 삼성TV플러스와 LG채널을 출시해 본격적으로 키우기 시작했다.

이제 시장조사업체도 드라마나 영화를 무료로 스트리밍해주는 서비스를 '광고 기반 무료 스트리밍Free Ad-Supported Streaming TV, FAST'(이하 FAST)이라고 따로 구분해서 분석한다.

시장조사업체 옴디아Omdia는 FAST 시장 규모가 2027년에는 전 세계적으로 120억 달러(약 15조 원) 규모에 달할 것이라고 전망했다. 2019~2022년 FAST 시장 규모가 20배가량 커졌고, 향후 5년 동안에도 가파르게 성장해 2027년 시장 규모가 2022년 40억 달러의 3배에 이를 것이라는 계산이다. 현재 미국에는 줄잡아 20개가 넘는 FAST 사업자가 각축전을 벌이고 있고, 이들이 제공하는 하위 채널 수도 수천 개에 달한다.

## 오리지널 전략까지 확장한 무료 스트리밍 서비스

오래된 영화나 TV 프로그램 등을 재방영하며 '2류' 취급받던 무료 스트리밍 서비스가 광고 수익이 확대되면서 콘텐츠에도 제대로 투자하고 있다. 오리지널 빈지 워칭은 이제 더 이상 넷플릭스의 전유물이 아니다.

2021년 1월 로쿠는 숏폼 동영상 서비스업체 퀴비의 자산을 1억 달러에 못 미치는 가격으로 사들이고 그해 5월 퀴비 오리지널 콘텐츠 30편을 '로쿠 오리지널'이라는 이름으로 선보였다. 케빈 하트 주연의 액션 시리즈 〈다이 하트Die Hart〉, 안나 켄드릭 주연의 코미디 영화 〈더미Dummy〉, 제니퍼 로페즈가 출연하는 리얼리티 쇼 〈땡스 어 밀리언Thanks a Million〉 등이 로쿠 오리지널 라인업에 올랐다.

2022년 11월 선보인 영화 〈위어드: 더 알 얀코빅 스토리Weird: The Al Yankovic Story〉는 로쿠 오리지널 중 가장 주목받은 작품으로 꼽힌다. 〈해리포터〉 시리즈의 주인공 대니얼 래드클리프가 주연을 맡았다.

2023년에도 로쿠의 신작 오리지널 3편이 공개됐다. 17명이 외딴 열대 섬에서 지내는 모습을 담은 〈파이트 투 서바이브Fight to Survive〉, 파충류 동물원에서 벌어지는 온갖 에피소

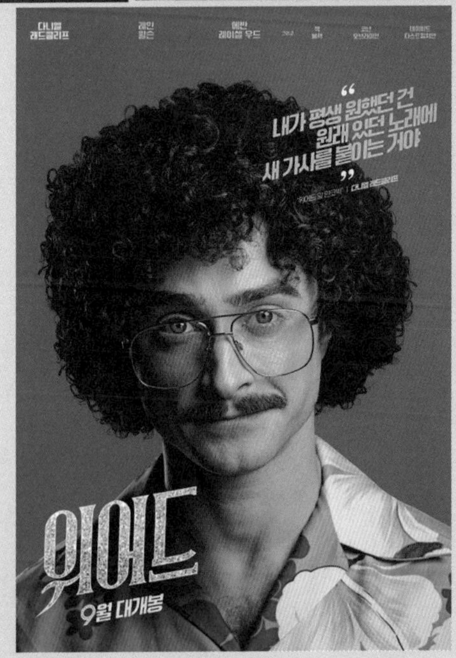


로쿠는 영화, 드라마, 다큐멘터리 등 오리지널 시리즈 제작에도 본격적인 투자를 하고 있다.

드를 다룬 〈파충류에 대한 충성Reptile Royalty〉, 미국 서부 목장의 신비한 탐험을 추적하는 〈UFO 카우보이들UFO Cowboys〉' 등이다.

2023년 플루토TV는 CBS의 인기 시트콤 〈프레이저Frasier〉, 〈치어스Cheers〉 채널을 추가했다. 〈프레이저〉와 〈치어스〉는 1990년대를 대표하는 미국 시트콤으로 두 시리즈 모두 11시즌 방영이라는 대기록을 세운 바 있다.

삼성 TV플러스도 KBS 인기 드라마 〈넝쿨째 굴러온 당신〉, 〈왕가네 식구들〉, 〈황금빛 내 인생〉 채널을 론칭했고 CJ ENM의 〈악의 꽃〉, 〈나인: 아홉 번의 시간여행〉, 〈윤식당 2〉, 〈흔한남매의 안 흔한일기 3〉, JTBC의 뉴스, 〈부부의 세계〉 등도 추가했다. LG 채널은 미국대학체육협회NCAA와 손잡고 주요 경기 챔피언십을 중계하는가 하면, 인기 선수와 팀이 참여한 다큐멘터리 영상도 제공하고 있다.

영화 배급 등으로 유명한 NEW(넥스트엔터테인먼트월드) 산하 벤처인 뉴아이디New ID는 플루토TV, 로쿠 채널, 프리비, 삼성TV플러스, LG채널 등에 콘텐츠를 공급하며 80여 개의 채널을 운영하고 있다.

박준경 뉴아이디 대표는 '무료 = 싸구려'라는 시각으로 보면 태풍으로 진화하는 무료 스트리밍 서비스의 흐름을 놓칠 수 있다고 말한다. 그는 "무료 스트리밍 서비스는 시청자 대신 광고주가 좋은 콘텐츠에 합당한 대가를 지불하는 모델"이라면서 "시청자에게는 좋은 콘텐츠를 접근할 수 있는 선택지를 늘려주고, 콘텐츠 사업자에는 수익을 다변화하는 창구를 제공함으로써 콘텐츠 생산과 소비의 선순환을 만든다"라고 말했다.

미국 시청자는 주중에는 무료 스트리밍 서비스를, 주말에는 유료 스트리밍 서비스를 주로 이용한다는 통계자료도 있다. 무료 스트리밍 서비스와 유료 스트리밍 서비스가 소비자 입장에서 일종의 보완관계를 만들어가고 있다.

## '계륵'이던 TV OS로 플랫폼 사업을 꿈꾼다

삼성전자에는 '타이젠Tizen', LG전자에는 '웹OS'라는 운영체제OS가 있다. 두 회사는 대규모 TV 공급 물량과 자체 OS 덕분에 디지털 광고를 넘어 TV 앱 생태계 주도권을 잡을 수 있는 유리한 고지에 올라섰다. 가령 삼성전자와 LG전자는 스마트TV에 넷플릭스, 프라임 비디오, 디즈니+, 파라마운트+, 푸보TV, 지포스나우GeForce NOW, 틱톡 등 TV 앱을 탑재해주고 수수료를 받기도 한다.

특히 LG전자는 자체 운영체제 '웹OS'와 무료 스트리밍 서비스 'LG채널'을 묶은 '웹OS 플랫폼' 판매에서 기대 이상의 성과를 거두고 있다. 2023년 2월 기준 LG전자의 웹OS 플랫폼을 탑재한 TV 브랜드는 RCA(미국), JVC(일본) 등 300여 개에 달한다.•

사실 타이젠과 웹OS가 삼성전자와 LG전자의 전략적 자산으로 성장하기까지 10년 가까운 인고의 세월이 필요했다. 오랫동안 계륵 신세를 면치 못했다.

타이젠의 탄생은 2012년으로 거슬러 올라간다. 삼성전자가 인텔, 리눅스 재단 등과 협력해 애플, 구글 생태계에 대항할 리눅스 기반의 운영체제 타이젠을 만들었다. 인텔이 타이젠 진영에서 발을 빼면서 타이젠에 대한 삼성전자 안팎의 관심도 크게 줄었는데, 당시 사석에서 만난 삼성전자의 한 최고 직급의 연구원(부사장)이 펠로가 제조 중심 회사인 삼성전자에서 OS를 개발하는 것이 쉽지 않다고 털어놓았다.

LG전자의 웹OS는 미국 PDA 개발업체 팜이 개발한 '팜OS'에서 시작되었다. 이후 휴렛팩커드HP가 팜OS를 인수해

• 글로벌 시장조사업체 옴디아에 따르면 2022년 4분기 미국 시장 기준으로 LG채널은 381개의 콘텐츠 채널을 보유해 글로벌 TV 제조사 중 보유 채널 수 1위를 기록했다.

LG전자는 2023년부터 5년간 1조 원을 투자해 가전업체에서 플랫폼 기업으로 탈바꿈할 계획을 밝혔다.

웹OS로 이름을 바꾼다. 2013년 LG전자가 HP에서 웹OS의 소스 코드, 개발 인력, 관련 문서를 인수했고 퀄컴은 웹OS의 특허권을 사들였다. LG전자도 웹OS를 확보한 후 어떻게 사업화해야 할지 몰라 우왕좌왕했던 게 사실이다.

OS 비즈니스는 도시를 건설하는 것과 같다. OS 비즈니스는 꽤 까다롭고 오래 걸리지만, 그 열매는 달콤하다. 점유율을 어느 정도 확보하면 생태계의 질서를 주도할 수 있다. 만약 삼성전자와 LG전자가 스마트폰처럼 TV도 구글이 보유한 OS(안드로이드)에 기댔다면, TV 기반으로 다양한 소프트웨어와 서비스 수익을 올리기 어려웠을 것이다.

옴디아에 따르면 2022년 TV OS 시장점유율은 구글의 안드로이드가 42.4%로 가장 높고 타이젠 21.0%, 웹OS 12.2% 순이었다. 안드로이드는 중저가 TV 브랜드에 많이 탑재돼 있어 전체 점유율이 높지만, 프리미엄 TV 시장의 OS 시장점유율은 삼성전자과 LG전자가 과점하고 있다.

이 같은 TV 제조사의 대변신은 2023년 7월 서울 마곡 LG사이언스파크에서 열린 LG전자 기자 간담회에서도 잘 나타난다. 조주완 LG전자 CEO는 이날 사업 포트폴리오 대전환을 선포하며 "가전을 넘어 '스마트 라이프 솔루션' 기업으로 2030년 매출 100조 원을 달성하겠다"라고 밝혔다. 제품을 한 번 판매하는 데 그치지 않고 콘텐츠, 구독, 솔루션 등의 사업을 더해 수익을 지속적으로 창출하는 순환형 모델로 전환하겠다는 것이다.

조 사장은 "전 세계 2억 대 이상 스마트 TV를 구동하는 LG전자의 TV 운영체제 웹OS를 앞세워 대전환을 이루어낼 수 있다"면서 "콘텐츠, 광고 영역 등을 더해 미디어 엔터테인먼트 플랫폼업체로 포트폴리오 전환을 추진할 것"이라고 말했다.

구체적으로 LG전자는 2023년부터 5년 동안 콘텐츠·서비스 사업에 1조 원을 투자해 가전업체에서 '미디어·엔터테인먼트 플랫폼 기업'으로 변신할 계획이며 LG전자는 2026년까지 웹OS 적용 기기 수를 총 3억 대 수준으로 늘리기로 했다. 웹OS를 적용한 제품 범위도 TV에서 프로젝터, 모니터, 사이니지, 차량 등으로 넓힐 계획이다.

# 8
# CHAPTER

# 끝나지 않은 싸움

## 인공지능의 등장은 콘텐츠 산업을 어떻게 뒤바꿀 것인가

생성형 인공지능의 등장으로 '만인에 대한 만인의 스토리 전쟁'은 더욱 확전하고 있다.
63년 만의 할리우드 작가·배우 동반 파업이 의미하는 것은 무엇인가.
인공지능이 아닌 인간만이 창조할 수 있는 창작물은 무엇인가.
무수한 질문에 대한 새로운 정의를 내려야 할 시기가 도래했다.

# 할리우드 모델,
# 아래로부터 폭발하다

실리콘밸리 모델의 확산은 결국 할리우드 영화·드라마업계가 아래에서부터 폭발하는 계기가 되고 말았다. 2023년 5월 미국작가조합WGA, 7월에는 배우·방송인 노동조합The Screen Actors Guild-American Federation of Television and Radio Artists(이하 배우조합)까지 제작을 거부하고 파업에 돌입했다. 작가조합원은 2만 명, 배우조합원은 16만 명에 달한다. 작가조합과 배우조합이 동반 파업을 일으킨 것은 로널드 레이건 전 미국 대통령이 배우 시절 조합을 이끌었던 1960년 이후 처음 있는 일이다.

## 멈춰 선 꿈의 공장, 극강의 대치

할리우드의 파업은 낯선 광경을 연출했다. 〈오펜하이머〉의 월드 프리미어 시사회장에서 킬리언 머피, 맷 데이먼, 로버트 다우니 주니어, 에밀리 블런트 등의 배우들이 사진만 찍고 시사회장을 떠났다. 톰 크루즈 주연의 〈미션 임파서블: 데드 레코닝 파트 원〉의 해외 홍보 투어도 취소되었다. 배우들은 파업 규정에 따라 영화 촬영과 홍보, 시사회를 할 수 없다.

할리우드의 영향력 있는 배우인 톰 크루즈가 배우조합과 영화·TV제작자연맹Alliance of Motion Picture and Television Producers(이하 AMPTP) 사이에서 중재에 나섰지만 파업을 막지는 못했다. AMPTP는 NBC유니버설, 파라마운트, 월트 디즈니 같은 할리우드 스튜디오 및 제작사와 ABC, CBS, 폭스, NBC 등 주요 방송 텔레비전 네트워크, 넷플릭스, 아마존, 애플, 유튜브 등 스트리밍 서비스업체가 활동하며 80여 개의 단체교섭 협상을 담당하고 있다.

두 노조의 동반 파업으로 '꿈의 공장'이 멈춰 섰다. 마블

할리우드 작가조합과 배우조합의 동반 파업은 63년 만이었다.

슈퍼히어로 시리즈의 세 번째 속편인 〈데드풀 3〉 촬영이 중단됐고 미국 TV 시상식 에미상이 이듬해 1월로 연기됐으며, 〈듄: 파트 2〉의 개봉 시기도 무기한 연기되었다. 〈아바타 3〉 개봉일도 약 1년 늦춘 2025년 12월로 변경되었다.

〈캡틴 아메리카: 브레이브 뉴 월드〉는 2024년 7월, 〈썬더볼츠〉는 2024년 12월, 〈블레이드〉는 2025년 2월, 〈판타스틱 4〉는 2025년 5월로 밀렸다. 넷플릭스 인기 드라마 〈기묘한 이야기〉와 워너 브러더스 〈왕좌의 게임〉 등의 속편 제작이 연기

됐다. 〈지미 팰런 쇼〉, 〈SNL〉 등 유명 토크쇼도 촬영을 멈췄다. 이번 파업에 따른 경제적 손실은 50억 달러(약 6조 원) 이상으로 추정된다.

두 조합은 스트리밍이 할리우드에서 일하는 수많은 사람들이 경제적으로 풍요로워지는 길을 막았고 AI는 그들의 터전 자체를 황폐화할 것이라며 연일 피켓을 들었다.

스트리밍 서비스에 대한 그들의 설명에 따르면, 넷플릭스 드라마와 쇼의 시청률이 아무리 높아도 제작 스태프나 출연 배우에게 돌아오는 보상은 턱없이 적었다. 넷플릭스의 히트쇼 〈오렌지 이즈 더 뉴 블랙Orange Is the New Black〉에 출연했던 배우들은 《뉴요커》와의 인터뷰•에서 "쇼는 공전의 히트를 기록했지만, 정작 우리는 최저임금 수준의 출연료를 받았다"고 폭로했다. 배우 에마 마일즈는 〈오렌지 이즈 더 뉴 블랙〉의 7개 시즌 중 6개 시즌에 출연했지만, 그의 경제 사정은 크게 달라지지 않았다고 한다.

넷플릭스 오리지널 〈나이트 에이전트The Night Agent〉를 만든 TV 프로듀서 숀 라이언도 비슷한 증언을 했다. 〈나이트 에이전트〉는 넷플릭스 역사상 다섯 번째로 많이 시청된 영어 오

• Michael Schulman, 「"Orange Is the New Black" Signalled the Rot Inside the Streaming Economy」, *The New Yorker*, 2023. 7. 12.

리지널 시리즈였지만, 그의 변호사는 숀 라이언에게 "받을 것은 이미 다 받았기 때문에 시즌 2 제작이 확정될 경우 약간의 보너스, 추가 에피소드마다 명목상의 로열티를 받을 수 있는 정도"라고 말했다.[••] 숀 라이언은 "회사가 수십억 달러를 가져가면 나는 수백만 달러를 벌게 된다는 약속이 사라졌다"고 말했다.

스트리밍 서비스가 등장하기 전, 배우, 제작자, 감독, 작가는 영화 및 텔레비전 프로그램을 만들 때 받은 원고료, 출연료, 연출료 외에도 비디오와 DVD, 유선방송 재방영이라는 부가 시장 수익에서 일정 비율에 따라 '재상영 분배금residuals'(일종의 로열티)을 받아왔다.

워너 브러더스가 제작하고 NBC에서 방영된 드라마 〈프렌즈〉에 출연한 배우들은 이 로열티를 두둑이 챙겨 일반 비행기를 타고 다닐 필요가 없을 정도로 부유해졌다. 넷플릭스가 언제 어디서든 가입자가 원할 때마다 수준 높은 드라마를 값싸게 제공했지만, 그것은 과거라면 할리우드 제작진과 배우, 작가에게 돌아갔을 수익을 어느 정도 희생해서 이룬 혁신

•• Josef Adalian, Lane Brown, 「The Binge Purge TV's streaming model is broken. It's also not going away. For Hollywood, figuring that out will be a horror show.」, *VULTURE*, 2023. 6. 6.

이었을 수 있다.*

AI 활용도 파업의 중요한 쟁점 중 하나였다. 할리우드 작가조합은 AI를 대본 작성에 활용하는 것을 제한하고 자신들이 만든 대본을 AI 훈련에 쓰지 말아달라고 요구했으며, 배우조합은 작품 생성형 AIGenerative Artificial Intelligence(텍스트, 이미지, 미디어를 생성할 수 있는 AI 시스템)를 사용할 것인지 명확한 기준점을 제시할 것, 생성형 AI를 통한 복제물을 작품에 사용할 때 사용량에 비례한 정당한 노동권을 보장할 것 등을 주장했다.

사실 AI를 활용한 '연기 복제performance cloning'는 이미 현실로 다가왔다. 자동 오디오북, 각종 합성 음성, 디지털 아바타 등 연기 복제 기술이 광범위하게 활용되고 3D(3차원) 스캐너 스튜디오에서 단 몇 분만 투자하면 손쉽게 디지털 영상 콘텐츠를 양산할 수 있다.

넷플릭스 드라마 시리즈 〈블랙 미러Black Mirror〉의 시즌 6

* 스트리밍 회사들은 작품의 초안 작성 단계에만 작가를 고용하고 전체 제작 과정에서 고용하는 작가 수는 줄였다. 이를 두고 '미니 룸' 현상이라고 한다. 전통적인 방송 모델 하에서 작가들은 시즌당 대략 22개의 스크립트를 생산하고, 쇼가 잘됐을 경우 로열티를 받았다. 하지만 스트리밍 시리즈는 보통 8~10회이며, 로열티 지급이 훨씬 제한적이다. 작가 여러 명이 수개월에서 수년씩 걸려 TV·영화 대본을 쓰던 시장이 사라지고 있다는 우려가 나온다.

드라마 〈블랙 미러〉 '존은 끔찍해' 편의 한 장면. 개인의 얼굴이 도용되는 딥 페이크 기술의 심각성을 담았다.

'존은 끔찍해Joan is Awful' 편은 할리우드 배우·작가조합이 우려하는 미래 엔터테인먼트 제작 환경을 그럴듯하게 그려냈다. 평범한 존의 일상이 실시간으로 할리우드 스타 주연의 드라마로 탈바꿈해 스트리밍되는데, 드라마에 등장하는 인물과 장면은 모두 컴퓨터 그래픽 기술과 딥페이크 기술로 만든 것이었다.

배우조합의 수석 협상가 던컨 크랩트리-아일랜드는 "배우의 디지털 초상권을 보호할 특단의 대책을 마련해야 한다"라고 강조했다. 그는 영화·TV제작자연맹이 보조 연기자가 하루 일당만 받고 촬영하면 그 이미지를 회사가 소유하고 향후 AI 기술을 이용해 영원히 사용할 수 있다는 내용을 제안했다고 주장했다.•

이미 할리우드 배우, 앵커, CEO 등 유명인은 자신과 아무런 계약도 맺지 않고 자신의 모습을 합성해 광고에 쓰는 영상과 이미지 때문에 골머리를 앓고 있다. 배우 톰 행크스는 자신의 젊은 시절 모습을 합성해 치과 보험을 홍보하는 딥페이

• 영화·TV제작자연맹 측은 35년 만에 가장 높은 수준으로 최저임금을 인상했으며 해외 재상영 분배금도 76%나 인상했다고 밝혔다. 또 연금·건강보험료 상한액을 대폭 인상하고, 배우의 디지털 초상권을 보호하는 AI 대책을 제안했음에도 배우조합이 파업에 들어갔다고 반박했다.

크 영상에 소스라치게 놀라 '조심하세요! 그 광고는 나와 아무런 관계가 없습니다'라는 글을 자신의 인스타그램 계정에 올리기도 했다.

미국 부동산 임대업체가 일론 머스크 테슬라 CEO를 등장시켜 자신들한테 투자해달라고 노골적으로 의사를 표시하는 광고를 내놓는가 하면, 미국 CBS의 인기 진행자 게일 킹의 이미지가 체중 감량 제품 홍보 영상에 쓰이는 일도 있었다.

이번 파업은 실리콘밸리 모델이 할리우드에서 일하는 제작자의 근로 환경을 위태롭게 하고 있다는 점을 명명백백하게 보여주고 있다. 실리콘밸리 기업들은 두 노조가 파업에 돌입하는 데 결정적 원인을 제공한 스트리밍과 AI 기술을 상용화한 장본인이기 때문이다. 그런 점에서 노조가 할리우드 제작 스튜디오를 겨냥해 파업을 벌이는 것은 빙산의 일각만 건드리는 것일 수도 있다.

『플랫폼 제국의 미래』를 쓴 스콧 갤러웨이 뉴욕대학교 교수가 지적했듯, 노조원들이 진짜 저격해야 할 대상은 제작비를 삭감하고 수백억 원의 연봉을 챙긴 데이비드 재슬러브 워너 브러더스 디스커버리 CEO가 아니라 전통 텔레비전은 물론 넷플릭스도 즐겨 보지 않는 10대와 20대, 이들의 놀이터를 만들어준 틱톡(그리고 유튜브)일 것이다. 전 세계 틱톡 사용자

**구글 유튜브가 발표한 신규 AI 기능 및 제품 현황**

| | |
|---|---|
| AI 인사이트 | 유튜브 스튜디오 '리서치 탭'을 통해 생성형 AI로 영상 개요 제안 |
| 드림 스크린 | 간단한 텍스트(프롬프트)를 입력하면 AI가 '유튜브 쇼츠' 배경 추가 |
| 유튜브 크리에이트 | 신규 모바일 앱인 '유튜브 크리에이트'로 영상 제작 · 공유 지원 |
| 얼라우드 | 유튜브 스튜디오에 추가되는 AI 기반 더빙 도구(번역도 가능) |
| 크리에이터 뮤직 | 동영상 제작자가 검색어를 입력하면 AI가 어울리는 음악 제안(2024년) |

출처: 구글 유튜브

가 17억 명에 달하는데, 그중 절반은 크리에이터로 직접 틱톡 영상을 만드는 제작자들이며, 간접적으로는 할리우드 프로페셔널과 경쟁하는 사이이기 때문이다.

송낙원 건국대학교 영상영화학과 교수는 "할리우드 제작 스튜디오는 대작도 만들지만, 인디 영화 제작에도 매년 상당한 투자를 단행하면서 차세대를 양성하는데, 아마존 등 IT 플랫폼 회사는 당장 돈이 되는 작품만 골라 투자하는 경향이 있다"라고 지적했다. 그는 할리우드 제작 스튜디오와 아마존 등

IT 플랫폼 회사의 가장 큰 차이점은 제작 저변에 투자하느냐 하지 않느냐에 있다고 분석했다. 이제 그런 전통 스튜디오와 방송사가 점점 시청자와 광고 수입을 잃고 있다.

할리우드 작가 파업은 역사상 두 번째로 긴 파업(148일)으로 기록됐고• 배우조합 파업이 계속되는 가운데, 실리콘밸리 기업들은 AI 활용을 위한 페달을 더 맹렬하게 밟고 있다.

2023년 9월 미국 뉴욕 맨해튼에서 열린 '메이드 온 유튜브' 행사에서 유튜브는 신규 AI 기능과 제품을 대거 내놓았다. 생성형 AI로 영상 개요 작성을 도와주는 'AI 인사이트', 유튜브 쇼츠에 배경을 추가해주는 '드림 스크린', 영상 제작을 도와주는 신규 앱 '유튜브 크리에이트', AI 기반 더빙·번역 도구 '얼라우드', 검색어 입력만으로 배경음악을 제안하는 '크리에이터 뮤직' 등이다.

유튜브가 별도 모바일 앱으로 새롭게 선보인 유튜브 크리

• 2023년 9월 24일 미국작가조합은 이날 조합원들에 보낸 성명에서 "AMPTP와 잠정적인 합의에 도달했다"라고 밝혔다. 작가조합은 "오늘로 피켓 시위를 중단하겠다"라고 밝혔다. 같은 날 넷플릭스, 아마존 등 OTT업체와 월트 디즈니, 워너 브러더스 디스커버리 등 제작사가 가입된 AMPTP도 "잠정 합의에 도달했다"는 공동성명을 발표했다. 양측은 2023년 9월 20일부터 닷새간 마라톤 협상을 벌여왔다. 작가조합 집행부는 공식 파업 종료 선언에 앞서 조합원을 상대로 합의안 추인 절차를 진행할 예정이다. 미국 작가조합이 벌인 가장 긴 파업은 1988년 파업으로 154일에 달했다.

에이트는 동영상 편집, 자동 자막, 보이스오버voice over(등장인물이나 해설자 등이 화면에 나타나지 않고 목소리만 내는 것) 등의 기능을 지원한다. 즉 복잡한 동영상 편집 소프트웨어를 사용하지 않아도 유튜브 영상을 자유자재로 제작할 수 있게 되는 것이다.

세상 돌아가는 일이 서로 연결되어 있다면, 미국은 2023년을 '파업의 해'로 기억할 것이다. 할리우드 작가와 배우에 이어 미국 최대 배송 서비스 회사 UPS의 택배 기사들이 파업에 나섰으며 아마존, 스타벅스, 애플 등에서 처음으로 노조가 결성되었거나 노조 결성 움직임이 본격화하고 있다. 같은 해 9월에는 전기 자동차 확산으로 일자리를 잃을 것을 우려한 전미자동차노조와 자동차 브랜드 빅 3(포드·GM·크라이슬러)의 연대 파업이 시작되었고, 10월에는 미국 전역에 걸친 주요 비영리 의료 기관인 카이저 퍼머넌트의 간호사 등 수만 명의 의료 종사자가 사흘간 일제히 파업에 들어갔다. 훗날 역사가는 이런 움직임을 '21세기판 러다이트운동'으로 기록할 수도 있겠다.

## 스토리 산업
## 빅 딜 시나리오 세 가지

'만인에 대한 만인의 스토리 전쟁'은 쉽사리 끝날 조짐이 보이지 않는다. 하지만 월가에서 흘러나오는 '빅 딜 시나리오'는 있다. 이 극단의 시나리오를 살펴보는 것은 현실화 여부를 떠나 스토리 산업의 미래를 점치는 데 도움이 될 것이다. 현재 가장 유력하게 논의되는 세 가지 시나리오를 소개하고자 한다.

## 시나리오 ① 실리콘밸리 모델의 할리우드 모델 흡수

로버트 아이거 월트 디즈니 컴퍼니 CEO가 스트리밍 서비스를 살리는 고강도 처방을 이어가는 가운데, 아이거가 디즈니를 애플 같은 기업에 매각해 강력한 시너지 추구에 나설 수 있다는 전망이 나온다. 아이거는 스티브 잡스가 창립한 애니메이션 스튜디오인 픽사를 인수한 인연으로 애플 이사회에 참여한 적이 있다.

3년 전부터 초우량 기업 애플이 비디오게임 스튜디오인 EA Electronic Arts나 디즈니를 살 수도 있다는 관측이 나왔고, 실제로 애플은 EA와 구체적인 협상까지 진행한 바 있다.

특히 애플이 2023년 새로운 가상현실VR 기기 '비전 프로 Vision Pro'를 내놓으면서 디즈니와 협력할 계획을 발표하자, 애플이 디즈니를 인수해야 한다며 '빅 딜'을 부추기는 발언을 하는 월가 애널리스트도 제법 있다.

만약 애플이 디즈니를 인수한다면 스토리 산업 지형을 흔드는 일대 사건이 될 것이다. 할리우드 최대 기업이 결국 실리콘밸리 기업의 우산 아래에 들어간 것이기 때문에 할리우드 모델이 실리콘밸리 모델에 흡수됐다는 역사적 평가를 받을 것이다.

다만, 팀 쿡 애플 CEO는 특허와 인재 중심의 소규모 기업 인수를 선호하고 빅 딜로 외형을 키우는 것보다 내실을 다지는 것을 중요하게 여기는 스타일이어서 시가총액 1,500억 달러에 육박하는 디즈니 인수를 부담스럽게 생각할 수 있다. 하지만 2022년 4월 애플 실적 발표에 나선 팀 쿡은 "대기업 인수도 배제하지 않을 것"이라고 발언하기도 했다.

## 시나리오 ② 할리우드 모델과 할리우드 모델의 합병

1963년 창립된 컴캐스트는 2013년 NBC유니버설을 손에 넣는 등 노련한 인수 합병으로 미국 최대 미디어 복합 기업 중 하나가 되었다.

2022년 영화 전문 매체《할리우드 리포터》는 내부 관계자의 발언을 인용해 컴캐스트가 워너 브러더스 디스커버리를 인수해 NBC유니버설과 합병할 수 있다고 보도했다. 할리우드 모델끼리 합쳐 빅 테크 기업에 대항하는 시나리오인데, 이 시나리오의 성사 가능성은 꽤 높은 듯 보인다.

컴캐스트는 타임워너, 21세기폭스사 등 쟁쟁한 할리우드 스튜디오 인수전에 뛰어들어 끝까지 가본 이력이 있다. 다수의 인수 후보 기업에 대한 검토를 끝내고 판돈도 준비해놓은 상태라는 뜻이다. 21세기폭스사 인수전을 진두지휘했다가 최종 고배를 마신 브라이언 로버츠 컴캐스트 CEO로서는 워너 브러더스의 지배 구조 변경이 가능한 시점인 2024년 4월만 기다리고 있다고 한다.

사실 데이비드 재슬러브 워너 브러더스 디스커버리 CEO의 행보도 이런 전망에 무게를 실어준다. 앞에서 언급한 대로 그는 극단적인 비용 절감에 나서고 있는데, 이런 조치가 회사 매각을 위한 재무제표 개선 활동이라는 분석이 심심찮게 나오고 있다.

컴캐스트는 원래도 재무구조가 탄탄한 회사인데, 실탄으로 바꿀 수 있는 훌루 지분도 보유하고 있다. 훌루는 넷플릭스에 대항하기 위해 월트 디즈니, 뉴스 코퍼레이션(21세기폭스), 컴캐스트, 타임워너가 공동 투자해 설립한 스트리밍 회사다. 그런데 디즈니가 폭스를 인수하고 타임워너의 모회사이던 AT&T가 디즈니에 훌루 지분을 넘기는 일련의 과정을 통해 디즈니가 훌루의 최대 주주로 올라섰다.

컴캐스트는 경영권을 행사할 수 없는 훌루 지분을 디즈니에 매각해 수조에서 수십조 원의 현금을 거머쥘 가능성이 있다. 컴캐스트의 워너 브러더스 디스커버리 인수는 '뉴 할리우드 모델'과 '올드 할리우드 모델'이 또 한번 뭉치는 그림이며, 할리우드 모델의 창조적 발전을 통해 앞으로 100년 이상 살아남을 수 있을지 가늠하는 시금석이 될 것이다.

## 시나리오 ③ 실리콘밸리 모델의 실리콘밸리 모델 인수

2022년 넷플릭스의 구독자 수가 처음으로 감소하자 넷플릭스는 저렴한 광고 요금제를 도입해 구독자 수 방어에 나섰다. 당시 넷플릭스가 광고 솔루션 파트너로 마이크로소프트를 낙점했다. 넷플릭스가 자신의 운명을 좌우할 광고 솔루션 파트너로 애드테크adtech 초보인 마이크로소프트를 택한 이유에 대해 월가의 의심은 꼬리에 꼬리를 물었다. 마이크로소프트가 AT&T가 보유한 디지털 광고 솔루션업체 '잔드르Xandr'를 인수한 것은 2021년 12월이었기 때문이다.

월가는 리드 헤이스팅스 넷플릭스 의장이 2007~2012년 마이크로소프트 이사회 멤버로 활동한 적이 있고 브래드 스미스 마이크로소프트 사장도 넷플릭스 이사회에 참여하고 있다는 점에 주목한다. 두 회사 경영진이 평소에도 긴밀한 의사소통을 하며 양 사 시너지에 대해 허심탄회한 대화를 주고받았을 가능성이 크다.

일각에서는 두 회사가 게임 사업 부문에서도 시너지를 낼 수 있다고 본다. PC, TV, 스마트폰, 태블릿 PC 등 서로 다른 기기에서 끊김 없이 게임을 즐기는 게임 스트리밍 시장이 커지고 있는데, 비디오게임 스트리밍 사업 확대를 노리는 마이크로소프트에는 최고의 스트리밍 기술을 보유한 넷플릭스가 최적의 파트너이기 때문이다. 마이크로소프트는 넷플릭스를 차기 인수 후보군에 올려두고 있을지 모른다.

넷플릭스의 시가총액은 2023년 8월 기준으로 약 1,940억 달러(약 252조 원)로, 삼성전자 시가총액 약 400조 원의 절반이 훌쩍 넘는다. 그러나 조 달러 수준의 시가총액을 자랑하는 애플, 구글, 마이크로소프트, 아마존 등과 비교하면 넷플릭스도 체급이 낮은 편이다.

# 빅 테크는 과연 규제될 수 있을까

2023년 기준, 애플의 시가총액은 3조 달러를 넘었으며, 마이크로소프트의 시가총액은 2조 달러 후반, 구글의 시가총액은 1조 달러 후반, 아마존의 시가총액은 1조 달러 중반으로 빅 테크 기업은 1,500조~4,000조 원에 달하는 시가총액을 자랑하고 있다.

『권력과 진보』를 쓴 대런 아세모글루Daron Acemoglu와 사이먼 존슨Simon Johnson은 "오늘날 거대 테크 기업도 과거 AT&T

나 스탠더드 오일처럼 분할해야 한다"라고 주장한다. 미국 연방 법원의 역사적 판결로 AT&T는 7개의 독립된 회사로, 스탠더드 오일은 34개의 서로 다른 회사로 분할됐다.

이들의 연구에 따르면, 20세기 초 개혁가들이 독점기업 문제에 팔을 걷어붙이고 나섰을 때 가장 큰 5개 기업의 시장 가치는 미국 GDP의 10분의 1에 못 미쳤지만, 현재 빅 테크 5개 기업의 시가총액은 미국 GDP의 5분의 1을 크게 웃돈다.

만약 스토리 비즈니스 시장까지 좌지우지하는 빅 테크 기업이 반독점 판결 등을 받을 경우 콘텐츠 제작과 유통, 광고 비즈니스에 이르기까지 관련 시장 구도에 일대 변화가 불가피할 전망이며 경쟁 기업에는 새 기회가 열릴 것이다.

전 세계 초미의 관심사는 글로벌 검색 시장의 90%를 장악한 구글에 대한 반독점 소송이다. 미국 법무부는 구글에 대한 반독점법 위반 소송 2건을 진행 중이다. 구글이 이 소송에서 패소할 경우, 구글은 사업 관행을 바꾸거나 사업 일부를 매각해야 할 수도 있다.

미국 법무부의 첫 번째 소송은 2020년 제기한, 구글 검색 사업에 대한 반독점 소송이다. 2023년 9월 미국 워싱턴 D. C 연방 법원에서 이 소송에 대한 첫 번째 재판이 열렸는데, 미국 법무부는 "구글이 휴대폰과 웹브라우저에서 기본 검색엔진으로 설정(선先탑재)되는 대가로 스마트폰 제조사, 무선 사업자에 수십억 달러를 지급했다. 불법으로 독점권을 유지하기 위해 매년 100억 달러(약 13조 3,000억 원)를 쓰고 있다"라고 주장했다.

미국 법무부가 구글에 제기한 두 번째 반독점 소송은 구글 디지털 광고 독점에 대한 소송이다. 2023년 1월 제소 당시 미국 연방 정부뿐 아니라 캘리포니아, 뉴욕, 버지니아 등 8주州 법무부도 동참했다. 메릭 갈런드 미국 법무장관은 워싱턴 D. C 청사에서 기자회견을 열고 "구글은 15년 동안 경쟁 기술의 부상을 막고, 경매 메커니즘을 조작해 경쟁을 피하고, 광고주와 게시자가 구글 도구를 사용하도록 하는 반경쟁적 행위를 추구해왔다"면서 구글의 최대 수익원인 광고 부문 사업 퇴출을 요구했다.

그동안 빅 테크 기업은 서비스 자체를 무료로 제공하거나 제품 가격을 저렴하게 제공하는 등 소비자 후생에 기여했다는 논리로 반독점법에서 스스로를 잘 보호해왔기 때문에 미국 법무부의 새로운 논리 개발과 이를 뒷받침하는 치밀한 증거가 최종 판결에 영향을 미칠 전망이다.

흥미롭게도 구글의 경쟁사인 마이크로소프트의 사티아 나델라Satya Nadella CEO가 워싱턴 D. C 연방 법원에 열린 구글

그동안 구글의 검색 독점 체제를 비판해온 마이크로소프트 CEO 사티아 나델라는 구글 반독점 재판정에 증인으로 출석했다.

반독점 재판정에서 증인으로 출석했다. 그는 "다들 인터넷을 '오픈웹'이라 하지만, 사실상 '구글웹'밖에 없다"면서 "사용자가 검색 기본 값을 바꿀 수 있다는 구글의 주장은 완전한 거짓"이라고 주장했다.

최근 미국 통신품위법 230조도 빅 테크 기업에 일방적으로 유리한 법이라는 주장이 제기되고 있다. 온라인 플랫폼 사용자가 플랫폼에 올리는 불법적인 콘텐츠에 대해 운영자의 법적 책임을 면하는 조항이기 때문이다. 미국 인터넷 기업은 이 법 덕분에 각종 불법 콘텐츠 게시에 대한 책임을 피해왔다.

통신품위법 230조가 주목받게 된 계기는 2015년 이슬람

테러 단체 IS의 파리 테러 당시 살해당한 노에미 곤잘레스의 가족이 유튜브를 운영하는 구글을 고소하면서부터다. 그들은 유튜브 알고리즘이 IS 대원 모집 영상을 유통시킨 책임을 물었다.

틱톡에서 유행한 '기절 챌린지black out challenge'도 논란이 되었다. 기절 챌린지란 기절할 때까지 목을 졸라 숨을 참는 것인데 이를 시도하다 실제 목숨을 잃은 어린이가 2023년 초에만 20명에 달했다. 하지만 법원은 기절 챌린지 영상에 노출되었더라도 통신품위법 230조를 들어 틱톡에 책임을 물을 수 없다고 판단했다.

미국 연방 대법원은 IS 파리 테러 사건 역시 구글의 손을 들며 인터넷 기업의 불법 콘텐츠 게시 책임 면제를 다시 확인해주었다.

대법원의 판결에도 소셜 미디어 규제를 요구하는 소송은 계속되고 있다. 2023년 7월 200개에 달하는 미국 각지 교육청이 교육 현장의 폐해를 호소하며 틱톡, 메타, 유튜브 등 주요 소셜 미디어 기업을 상대로 집단소송에 나섰다. 조 바이든 미국 대통령은 선거운동 기간 통신품위법 230조를 폐지해야 한다고 주장하는 등 당선 전부터 통신품위법을 비판해왔다는 점에서 미 의회의 관련 법 수정을 촉구할 수도 있다.

넷플릭스도 유럽 국가의 각종 규제에 직면했다. 공공재 성격의 전파를 사용하는 방송과 달리 인터넷 기반의 스트리밍 서비스는 각종 방송법 규제에서 자유로웠던 것이 사실이다. 그동안 스트리밍 서비스가 선정적, 폭력적 콘텐츠를 쏟아내는 데 대한 비판이 거세지면서 각국 정부도 규제 마련을 서두르고 있다.

영국은 스트리밍 콘텐츠에 일반 TV 방송과 유사한 심의 기준을 적용하는 법안 추진에 들어갔고, 프랑스는 기존 방송과 인터넷 저작권 규제 기관을 통합하면서 스트리밍 사업자까지 관리하는 시청각·디지털 커뮤니케이션 규제 기구ARCOM를 설립했다.

다만, 미국의 경우 표현의 자유를 보장하는 수정 헌법 1조, 인터넷 사용자가 올린 콘텐츠에 대해 인터넷 사업자에 면책권을 주는 통신품위법 230조 등으로 넷플릭스가 제공하는 콘텐츠 자체에 대한 규제는 거의 없는 편이다.

주목할 점은 유럽연합이 애플, 구글, 메타(페이스북) 등 미국 빅 테크 기업을 포괄적으로 겨냥한 법을 쏟아내고 있다는 점이다. 개인 정보를 활용해 이용자에게 맞춤형 광고나 게시물을 노출하는 것을 제한하는 디지털서비스법DSA, 플랫폼 서비스에서 확보한 개인 정보를 다른 사업에 활용하는 것을 금지하는 디지털시장법DMA 등이 대표적이다.

유럽 디지털 서비스 시장이 미국 빅 테크 기업에 거의 초토화된 탓에 유럽연합의 규제 의지는 날로 높아지고 있다. 개인화, 맞춤화를 통해 시장을 장악해온 실리콘밸리 모델이 '디지털 규제의 최전선'을 자처하는 유럽연합의 규제 공세에 어떤 영향을 받을까? 다음 절에서 살펴보겠지만, 유럽연합은 세계 최초로 AI 규제 법안도 마련했다.

# 더 큰 전쟁:
# 인간과 인공지능의 지독한 갈등이 시작됐다

'만인에 대한 만인의 스토리 전쟁'이 확전하고 있다. 인간과 인공지능의 창작을 둘러싼 갈등이 본격화되고 있기 때문이다. 카피라이터와 디자이너, 삽화가, 번역가 등이 순식간에 일자리를 잃을 것이고 디지털 스토리 플랫폼이나 앱을 만드는 초·중급 개발자의 몸값도 떨어질 것이다. 인간과 인공지능의 갈등은 한동안 증폭되어 기존 사회질서를 송두리째 바꿔놓을 수도 있다.

만화가 이현세는『공포의 외인구단』(왼쪽),『삼국지』(오른쪽) 등 수천 권 분량의 자신의 작품 데이터를 AI에 학습시키는 작업을 진행 중이다.

사실 2000년대 초 웹툰에 부정적이었던 만화가 이현세가 인공지능이 등장한 후에는 가장 먼저 기계와 협업한 아티스트 중 한 명이 되었다. 그는 44년 동안 그린 작품 4,174권 분량의 만화를 '학습용 데이터 세트'로 해 이현세 작화 스타일에 특화한 인공지능 모델을 만들고 있다.• 이현세 작가는 "(종이 기반의) 출판 만화도 서서히 없어진 게 아니라 한순간에 쓰나미처럼 사라졌다"라고 말했다.••

인공지능이 스토리 창작과 유통의 게임 체인저가 될 것임은 분명해 보이기에 이 책의 마지막 절은 최종 결론을 아직 알 수 없는 새 대하드라마의 예고편 격이라고 할 수 있다.

스토리 창작자와 비즈니스 관계자의 이해관계에 큰 영향을 미칠, 최근 부각되고 있는 첨예한 열 가지 사건을 꼽아보면 다음과 같다. 각 사건의 행간을 읽으면 미래 비즈니스 방향, 더 나아가 인간의 역할 조정을 시사하는 크고 작은 단서를 발견할 수 있을 것이다.

**① 마이크로소프트 깃허브에 대한 집단소송**

마이크로소프트가 2018년 75억 달러(약 8조 250억 원)에 인수한 깃허브GitHub는 프로그램 소스 코드 공개 저장소다. 개발자는 소스 코드를 관리하고 공유하기 위해 깃허브를 쓰는데, 깃허브 활성 사용자 수는 1억 명이 넘는다. 마이크로소프트에 인수된 깃허브는 3년 전 코드 자동 완성 서비스 '코파일럿copilot'도 내놓았다.

문제는 마이크로소프트가 인공지능 스타트업 오픈AI의 'GPT-3' 언어 모델을 활용해 코드 자동 완성 기능을 대폭 끌어올렸다는 점이다. 미국 샌프란시스코에 위치한 오픈AI는

• 이미 웹툰 생산성을 높이는 기술은 많다. '채색을 도와주는 AI', '스토리 보드를 그려주는 AI', '웹툰 배경을 그려주는 AI' 등이 우후죽순 쏟아지고 있는 가운데, 한국만화영상진흥원과 한국전자통신연구원은 웹툰 자동 생성 기술 '딥툰DeepToon'도 개발 중이다.

•• 김인경, 「까치 몸에 여자 가슴? 이현세 웃게 한 AI 문하생」, 《중앙일보》, 2023. 8. 30.

마이크로소프트가 100억 달러(약 12조 3,500억 원)가 넘는 자금을 투자한 회사로 생성형 AI 경쟁을 촉발한 최고 실력파 스타트업이다.

2022년 말 코파일럿은 남이 짜놓은 코드를 대량으로 기계에 학습시키는 과정을 통해 탄생했다는 논란에 휩싸였다. 수백만 명의 프로그래머가 공들여 짜 깃허브의 공개 저장소에 올려둔 수십억 줄의 오픈 소스 코드를 무단으로 도용해 인공지능에 학습시키는 방식으로 코파일럿의 기능을 향상시켰다는 것이다.

급기야 2022년 11월 깃허브 사용자를 대리한 집단소송이 제기됐다. 미국 샌프란시스코의 연방 법원에 소송을 제기한 매슈 버터릭 변호사는 "코파일럿이 인공지능을 교육하는 과정에서 오픈 소스 라이선스와 코드 제작자의 법적 권리를 침해했으며 대규모 소프트웨어 불법 복제를 초래하고 있다"고 주장했다.

이에 대해 마이크로소프트와 깃허브, 오픈AI는 코파일럿 서비스에 제기된 저작권 침해 소송을 기각해달라는 의견서를 이듬해 5월 법원에 제출했다. 원고 측이 개인이 코파일럿으로 어떤 피해를 입었는지 제대로 설명하지도 못하면서 소송부터 제기했다는 것이다. 마이크로소프트와 깃허브는 "코파일렀은 대중에게 제공되는 오픈 소스 코드 본문에서 아무것도 빼앗지 않는다. 원고가 오픈 소스로 공유된 소프트웨어에 대해 수십억 달러의 이익을 요구함으로써 오픈 소스 원칙을 훼손하고 있다"라고 주장했다.

**② 스태빌리티 AI를 상대로 한 게티이미지 소송**

스태빌리티 AI는 이미지 생성 서비스 '스테이블 디퓨전 stable diffusion'을 운영하는 영국 스타트업이다. 간단한 텍스트만 입력해도 유명 화가의 그림체를 본뜬 초상화부터 초현실주의 화풍에 이르기까지 다양한 이미지를 뚝딱 만들어준다. 그런데 스태빌리티 AI는 이미지를 판매하는 게티이미지에 소송당했다.

2023년 1월 게티이미지는 "스태빌리티 AI가 인공지능 학습을 위해 저작권으로 보호되는 수백만 개의 이미지를 불법적으로 복사해 처리했다"면서 영국 런던 고등법원에서 소송 절차를 시작했다. 게티이미지는 스테이블 디퓨전 2를 통해 생성한 이미지 중 일부에 남아 있는 게티이미지의 워터마크 등을 소송의 증거로 내세우고 있다.

크레이그 피터스Craig Peters 게티이미지 CEO는 미국 기술 매체 《더 버지The Verge》와 나눈 인터뷰에서 "스태빌리티 AI의 이미지 사용이 영국이나 미국 저작권법에서 보호하는 '공정 사용'에 해당되지 않는다"면서 "과거 디지털 음악이 등장했을 때 냅스터가 저작권자와의 계약 없이 불법적으로 음원을 제공했던 것이 떠오른다"라고 말했다.

### ③ 미 저작권청, 『새벽의 자리야』 저작권 등록 취소

2023년 2월 22일 미국 저작권청USCO은 "인공지능이 생성한 이미지는 작가의 산물이 아니다"라면서 만화형 소설(그래픽 노블) 『새벽의 자리야』의 미국 내 저작권 등록을 취소하겠다고 밝혔다. 인공지능이 만든 저작물에 대해 미 규제 당국이 구체적 처분을 내린 건 처음이었다.

2022년 9월 작가 크리스 카시타노바는 일러스트를 만들어주는 이미지 생성형 AI '미드저니Midjourney'로 일러스트를 그린 『새벽의 자리야』를 미국 저작권청에 등록했고, 작가는 이 같은 내용을 소셜 미디어에 올렸다. 카시타노바는 총 17페이지 분량의 이미지를 생성하기 위해 12일 동안 1,500개의 프롬프트를 작성한 자신의 노력을 알리며 저작권 등록이 유지돼야 한다고 강하게 주장했다.

하지만 미 저작권청은 "미드저니의 사용자 카시타노바는 생성된 이미지를 실제로 형성하지 않았다. 이미지 제작 과정

미 저작권청은 AI로 그린 〈우주 오페라 극장〉(위)과 만화책 『새벽의 자리야』(아래)의 저작권을 인정하지 않았다.

에서 '주체적 의지master mind'를 지니지 않았다"라고 지적했다. 이어 "구체적 산출물을 사용자가 예측할 수 없다는 사실이 예술가가 사용하는 다른 도구와 미드저니 사이에 엄연한 차이를 만든다"라고 덧붙였다.

미 저작권청은 카시타노바에게 발급한 저작권 증명서를 취소하고 그가 표현한 글에 한정해 신규 저작권 증명서를 발급했다. 미 저작권청이 2023년 3월 내놓은 새 가이드라인에도 '인간이 표현한 창작물과 AI가 만든 결과물이 상호 결합한 경우, AI를 최소한의 도구로 이용한 경우에만 저작물 등록 대상에 해당한다'라는 점을 명시했다.

미 저작권청은 2022년 9월 파인 아트 콘테스트 우승작, 제이슨 앨런의 〈우주 오페라 극장Theatre D'opera Spatial〉의 저작권 보호도 거부했다. 이 작품 역시 미드저니를 사용해 제작했다. 제이슨 앨런은 당국의 결정을 예상했다면서도 결국 자신이 승리할 것이라고 말했다.

#### ④ SF 잡지사 클락스월드, 단편 작품 접수 중단

2023년 2월에는 미국의 전문 SF 전문 잡지사 클락스월드Clarkesworld가 신인 작가들의 단편 작품 접수를 중단하는 사태가 벌어졌다. 챗GPT를 활용한 소설 투고가 쇄도했고 접수되었다가 표절 등으로 거부되는 등 일을 지속할 수 없는 지경에 이르렀기 때문이다.

클락스월드는 SF 소설을 접수해 온라인으로 발행하며 SF 작가의 등용문 역할을 해왔다. 『서던리치: 소멸의 땅』을 쓴 제프 밴더미어와 『스페이스 오페라』의 캐서린 밸런트 같은 유명 작가도 이 사이트를 통해 작품을 냈다.

클락스월드 창업자이자 발행인 겸 편집장 닐 클라크의 블로그에 따르면, 보통 한 달에 접수되는 작품 가운데 표절 등으로 거부되는 작품이 10편 정도였지만, 2023년 1월 100편이 거부됐고 2월에는 접수됐다가 거부된 작품 수가 500편이 넘었다.

클라크 발행인은 "인플루언서들이 'AI를 이용하면 빨리 부자가 될 수 있다'고 부추기면서 이런 문제가 발생한 것 같다. 신인이 작품을 내는 데 장벽이 되지 않을까 우려된다"라고 말했다. 실제로 아마존 킨들에도 챗GPT가 쓴 전자책이 쏟아졌고 몇 시간 만에 책 한 권을 뚝딱 써내는 챗GPT를 활용해 출판에 성공한 이들의 경험담도 소셜 미디어를 타고 퍼져나갔다.

AI Principles

April 2023

The News/Media Alliance (NMA) represents the most trusted publishers in print and digital media based in the United States, from small, local outlets to national and international publications read around the world.

Every day, these publishers invest in producing high-quality creative content that is engaging, informative, trustworthy, accurate and reliable. In doing so, they not only make significant economic contributions, but they also play a crucial role in educating, upskilling and informing our communities, building our democracy and economy, and furthering America's economic, security and political interests abroad.

뉴스미디어연합 홈페이지에 공개된 AI 원칙 중 일부.

### ⑤ 미국 뉴스 미디어 얼라이언스 AI 원칙 성명서 발표

2023년 4월 《뉴욕타임스》 등 미국 2,000여 개 언론사가 속한 언론 단체 뉴스미디어연합NMA은 'AI 원칙'이라는 제목의 성명서를 발표했다. '생성형 AI의 개발자와 배포자는 콘텐츠에 대한 창작자의 권리를 존중해야 한다', '발행사의 지식재산권 사용을 위해서는 명시적인 허락을 얻어야 한다' 등 생성형 AI가 정확한 최신 정보를 답변하기 위해서는 언론사의 뉴스 콘텐츠 학습 과정이 꼭 필요한 만큼 이에 대한 정당한 대가를 치러야 한다는 내용이다. NMA는 "저작권 보호 예외 규정은 AI 기술 분야에서도 비영리·연구 목적으로 좁은 영역에서만 적용해야 한다"라고 강조했다.

로버트 톰슨 뉴스코퍼레이션 최고경영자는 국제뉴스미디어협회INMA가 주최한 콘퍼런스에 참여해 "생성형 AI는 언론사 웹사이트를 방문하지 않도록 설계돼 저널리즘을 치명적으로 훼손하고 있다. 자신의 이익을 옹호하고 독창적인 콘텐츠에 대해 정당한 대가를 받을 수 있도록 경계를 늦추지 않는 것이 중요하다"라고 지적했다.

### ⑥ 15년 만의 미국 할리우드 작가조합 파업

2023년 5월 시작된 미국 할리우드 작가조합 파업 사태의 원인도 인공지능이다. 작가들은 '글쓰기 자동화'에 대해 두 가지 문제점을 지적한다.

우선, 제작사가 인공지능으로 대본 초안을 만든 후 작가에게 이를 수정·보완하는 작업을 맡기는데 여기에 대해서만 정산해주는 탓에 보수가 지나치게 낮다고 반발했다.

또 작가조합은 인공지능 훈련에 기존 대본을 활용하는 것도 저작권 침해라고 주장하고 있다. 작가조합은 인공지능을 활용한 대본 작성과 수정 및 재작성을 금지하고 작가의 작업물을 인공지능 학습 훈련에 사용할 수 없다는 내용을 파업 철회의 조건으로 내걸었다.

### ⑦ 웹툰 별점 테러

2023년 5월 네이버웹툰 신작 〈신과 함께 돌아온 기사왕님〉이 극도로 낮은 별점을 받았다. 이날 무료 공개된 1화의 별점은 10점 만점에 1.94점에 그쳐 네이버웹툰의 요일 웹툰 600여 편 중 가장 낮은 점수를 기록했다.

독자들은 "인물의 손가락이 어색하고 화풍이 컷마다 변한다"면서 인공지능을 활용한 웹툰 제작에 강한 거부감을 드러내고 일부러 낮은 별점을 줬다. 네이버웹툰의 별점은 보통 9점대 후반으로 후한 편인데, 1점대 점수는 독자들이 내린 일종의 '응징'이었다.

웹툰 독자에 이어 웹툰 작가와 일러스트레이터도 "도둑질로 만든 인공지능 웹툰을 반대한다"며 단체 행동에 나섰다. 누구나 웹툰을 올릴 수 있는 아마추어 창작자 플랫폼인 네이버웹툰의 도전만화 사이트에 '인공지능 웹툰 보이콧' 게시물이 연달아 올라올 정도였다. 작가들은 "기술의 발전을 반대하는 것이 아니라 무단 도용과 복제·짜깁기한 이미지, 훔친 그림의 상업적 이용, 초상권 침해에 반대한다"라고 말했다.

### ⑧ 인공지능이 창작한 음악, 그래미 어워드는? "예스 or 노"

미국에서 가장 권위 있는 대중음악 시상식 그래미 어워드

Grammy Award를 주최하는 곳은 전미 레코딩 예술 과학 아카데미National Academy of Recording Arts and Sciences(이하 레코딩 아카데미)다. 레코딩 아카데미가 2024년 열리는 제66회 그래미 시상식을 앞두고 인공지능 활용 음악에 대한 일종의 시상 가이드라인을 발표했다.

지난 6월 17일 발표한 새 가이드라인은 인공지능 활용을 완전히 배제하는 등 극단적으로 AI를 창작자로 수용하지 않았다. "인공지능 음악 및 콘텐츠도 심사의 대상이 될 수 있지만, 그래미상은 인간 창작자만 받을 수 있다"라고 밝혔다. 인공지능을 활용한 음악이라고 할지라도 인간이 곡의 완성도를 높이는 데 상당한 기여를 했다면 해당 작곡가나 작사가가 수상자가 될 수 있다는 뜻이다.•

레코딩 아카데미는 이 가이드라인을 만들기 위해 음악 산업계 리더, 기술 기업가, 스트리밍 서비스 관계자, 아티스트 커뮤니티 관계자와 함께 회담을 개최했다. 레코딩 아카데미가

• 레코딩 아카데미 하비 메이슨 주니어Harvey Mason Jr. CEO의 정확한 발언은 다음과 같다. "At this point, we are going to allow AI music and content to be submitted, but the GRAMMYs will only be allowed to go to human creators who have contributed creatively in the appropriate categories(현시점에서 AI 음악 및 콘텐츠 제출을 허용할 예정입니다. 다만, 그래미상은 해당 카테고리에서 창의적으로 기여한 인간 창작자에게만 갈 수 있습니다)."

숙의를 통해 마련한 그래미 가이드라인은 다른 영역에서도 참고할 만한 가장 현실적인 시상 기준이 될 것으로 보인다.

### ⑨ 유럽의회, 세계 최초 AI 규제 법안 채택

2023년 6월 14일 유럽의회는 본회의에서 세계 최초의 포괄적 AI 규제 법안을 통과시켰다.[••] 유럽의회, 집행위원회, 27개국을 대표하는 이사회의 3자 협상이 끝나면 법안은 최종 승인된다. 한때 세계를 호령했던 유럽이지만, 기술력으로는 미국과 동아시아 국가를 따라갈 수 없으니 유럽 시장만큼은 규제를 통해 지켜보자는 의지가 감지된다. 유럽의회의 AI 규제 법안은 '투명하고 추적 가능해야 한다', '위험도에 따라 차등 규제하겠다' 등을 강조하고 있다.

AI 규제 법안 중에서 유럽연합 국가 사이에 이견이 첨예하게 갈리는 조항이 있다.

대표적으로 (1) 안면 인식 같은 생체 인식 감시biometric surveillance에서 AI를 쓰지 못하게 하는 것과 (2) 챗GPT 같은 AI를 만들 때 기계 학습에 사용된 저작권 데이터를 요약해 게시하는 것이다. (1)의 경우 프랑스 등은 국가 안보 및 국방 목적

•• 「EU AI Act: first regulation on artificial intelligence」, European Parliament, 2023.

에는 AI 사용을 허용하는 예외 조항을 두자는 의견을 내고 있으며 (2)의 경우 적지 않은 국가가 현행 저작권 규정으로 대응할 수 있다는 입장을 견지하고 있다. 이 법안의 초안이 알려졌을 때 샘 올트먼 오픈AI CEO가 유럽 시장엔 진출하지 않겠다고 반발했는데, 생성형 AI업체가 규제 당국에 공개해야 할 게 너무 많다는 이유였다.

#### ⑩ 오픈AI 상대로 한 미국 작가조합 소송

2023년 9월 소설, 논픽션 작가 1만 4,000명이 소속된 미국 작가조합과 17명의 작가가 뉴욕 남부 지방법원에 오픈AI를 상대로 저작권 집단소송을 제기했다.•

이들은 "불법 해적판 전자책 사이트에서 다운로드할 수 있는 작가들의 저서가 오픈AI의 기계 학습에 사용됐다. 이를 통해 오픈AI는 수십억 달러의 수익을 올릴 것으로 예상한다"라고 주장했다.

미국 드라마 〈왕좌의 게임〉의 원작을 쓴 존 R. R 마틴, 『펠리컨 프리프』, 『레인메이커』 등을 쓴 법정 스릴러 대가 존 그

• 「The Authors Guild, John Grisham, Jodi Picoult, David Baldacci, George R.R. Martin, and 13 Other Authors File Class-Action Suit Against OpenAI」, The Authors Guild, 2023. 6. 8.

리샴과 〈링컨 차를 탄 변호사〉의 원작 소설가 마이클 코넬리, 전미도서상 수상 작가이자 베스트셀러 『인생 수정』, 『자유』로 잘 알려진 조너선 프랜즌, 맨부커상 수상 작가 조지 손더스 등 유명 작가들이 원고 명단에 자신의 이름을 직접 올린 것이 화제를 모았다.

코언, 디베츠, 에이브러햄스 앤드 셰퍼드Cowan, DeBaets, Abrahams&Sheppard의 파트너이자 원고 및 제안된 집단의 공동 변호사 스콧 숄더는 "원고들은 생성형 AI 개발에 반대하지 않지만 피고(오픈AI)가 저작권자의 허가 없이 저작물을 사용해 AI 기술을 개발할 권리는 없다"라고 지적했다.

이에 앞서 미국 작가조합은 오픈AI, 페이스북의 모기업 메타, 구글의 모기업 알파벳, IBM, 스태빌리티 AI, 마이크로소프트 등 6개 빅 테크 기업에 서한을 보내 "저작권이 있는 수백만의 책, 기사, 에세이, 시가 AI 시스템에 대가 없는 무제한 식사를 제공하는 상황"이라면서 "생성형 AI 훈련에 우리 작품을 무단으로 사용하는 일을 중단하라"라고 촉구했다.

많은 전문가들은 'AI와 인간의 대결'이 아니라 'AI를 잘 활용하는 인간과 그렇지 못한 인간 사이의 격차가 벌어지는 것'이라고 한다. 하지만 어떤 식으로 포장하더라도 이야기하는 인간, 즉 호모 나랜스의 지위는 기계의 위협을 받으면서 도전을 맞고 있다.

수만 년 동안 쌓아온 인류의 유산을 학습한 AI를 누구나 사용할 수 있게 된다면, 스토리 제작이 쉬워지고 창작물도 그만큼 많이 쏟아져 경쟁이 극심해질 것이다.

스토리를 만드는 인간들은 무엇을 내세워야 '작품성'을 인정받을 수 있을까? 그 결정적인 순간이 다가오고 있다.

# 무서운 기술 질주의 종착점은 어디인가

"동아프리카에 이런 속담이 있어요. '코끼리들이 땅을 터벅터벅 걸을 때 개미들은 혼비백산한다'. 이 속담의 핵심은 코끼리들이 '언제' 땅을 터벅터벅 걷기 시작할 것인지에 있습니다."

『강대국의 흥망』 작가로 유명한 폴 케네디Paul Kennedy 미국 예일대학교 역사학과 교수는 강대국을 코끼리, 주변 약소국을 개미에 비유했다. 그의 코멘트는 디지털 세상에도 고스란히 적용 가능하다. 빅 테크 기업이 터벅터벅 걷기 시작하면 전 세계 각종 서비스의 운명이 달라지고 비즈니스 판도에 거침없는 변화가 시작된다. 현대 스토리 비즈니스를 알려면 디지털 세상의 코끼리 경쟁에도 관심을 가져야 한다.*

1999년 출간된 책 『빌게이츠@생각의 속도』에서 빌 게이츠Bill Gates 마이크로소프트 창업자는 "인터넷은 구매자와 판매자를 직접 접촉하게 하고 쌍방에 대해 더욱 많은 정보를 제공함으로써 '마찰 없는 자본주의'를 달성하는 데 기여할 것"이라고 말했다. 30년도 안 되는 시간 동안 빌 게이츠의 말대로 마찰이 없는 세상이 도래했으나, 새로운 세상이 손가락으로 꼽을 만큼 적은 수의 빅 테크 기업이 과점하는 세상일지는 그도 예상하지 못했을 것이다.

2023년 현재 디지털 세상의 정세는 다음과 같이 흘러가고 있다. 한때 망해가던 마이크로소프트는 인도 출신의 사티아 나델라의 리더십 아래 '폐쇄적인 윈도우window 왕국'에서 '개방적인 클라우드 제국'으로 거듭났을 뿐만 아니라 '챗GPT'를 만든 오픈AI에 대한 투자로 인공지능 레이스에서도 주도권을 잡았다. 로마 장군 퀸투스 파비우스 막시무스가 적군의 자원을 소모시켜 한니발의 무릎을 꿇게 했듯이 마이크로소프트도

* 전직 관료 출신으로 카이스트 교수인 윤종록은 『대통령 정약용』에서 "우리는 두 개의 지구에서 살고 있다"면서 "하나는 발로 딛고 있는 지구요, 또 하나는 보이지 않으나 엄연히 존재하는 디지털 지구"라고 강조했다.

구글의 자원을 소모시키며 전황을 자신에게 유리하게 만들고 있다.[••]

'월드 와이드 웹world wide web' 시대를 호령해온 구글이 치러야 할 전쟁은 갑자기 많아졌다. 마이크로소프트-오픈AI 연합군으로부터 일격을 당한 데다 아마존[•••]과 틱톡이 디지털 광고 시장을 뭉텅뭉텅 가져가 골머리를 앓고 있다. 미국, 유럽 등 각국 정부와의 반독점 소송전도 시작되었다. 순다르 피차이Sundar Pichai 구글 CEO는 '코드 레드'를 발령하고 구글 브레인과 딥마인드 등으로 흩어졌던 구글의 인공지능 연구 조직을 단일대오單一隊伍로 정비하는 한편, 각종 규제에 특유의 로비로 대응하고 있다.

애플은 조용하면서도 명분과 실리를 동시에 챙기는 팀 쿡의 탁월한 리더십 덕분에 세계에서 가장 비싼 기업으로 등극했다. 애플의 시가총액은 무려 3조 달러에 달하는 데, 이는 전

•• 구글이 '파비우스의 덫'에 걸릴 수 있다는 분석이 나온다. 로마 장군 퀸투스 파비우스 막시무스는 명장 한니발을 상대로 정면 대결은 피하면서 식량 보급로를 파괴하거나 행군을 오래 하도록 유도하는 전략을 썼다. AI가 사용자의 질문을 이해하고 여러 자료를 종합해 답하는 방식(챗GPT가 보여준 방식)은 엄청난 계산량이 필요하다. 기존의 검색엔진보다 비용이 10배가량 많이 든다. 구글 입장에서 섣불리 이 시장을 창출했다가는 천문학적인 이익을 남기는 검색 광고 사업을 '돈 먹는 하마'로 바꾸는 꼴이 될 수 있다.

••• 아마존은 미국 3위 디지털 광고 사업자로서의 입지를 굳히고 있다.

세계 GDP 7위에 해당하는 프랑스 GDP보다 1,000억 달러 많은 수치다. 다만, 애플은 미·중 갈등이라는 오프라인 세상의 격랑에 휩싸여 있다. 중국에 있는 대규모 아이폰 생산 시설을 인도로 옮겨야 하는 데 그게 말처럼 쉽지 않다.

생성 AI 붐을 타고 시가총액 1조 달러 클럽에 새롭게 입성한 칩 제조사 엔비디아Nvidia는 빅 테크 반열에 오르려는 야망을 숨기지 않는다. 유망 인공지능 스타트업에 투자하거나 데이터를 다루는 소프트웨어업체와 제휴하는 등 활동 반경을 공격적으로 늘리고 있다. 반면, 소셜 미디어 제국을 건설한 페이스북은 빅 테크 기업 사이의 경쟁에서 뒤처져 시가총액 1조 달러 클럽에서 떨어져 나갔다.•

우리는 디지털 제국의 동향을 주시하고 그들을 철저하게 이용하는 외교적 안목을 갖추되, 그 변덕스러운 알고리즘에

• 2021년 1조 달러를 넘겼던 소셜 미디어 제국의 시가총액은 2022년 10월 3,400억 달러까지 떨어졌다. 메타의 어닝 쇼크 원인은 물가 상승과 경기 침체, 틱톡과의 경쟁 심화, 메타 사업 고전 등이 꼽히지만 가장 결정적인 것은 애플의 정책 변경이었다. 아이폰 제조사인 애플이 사용자의 동의를 구해 광고하도록 모바일 정책을 변경한 이후 페이스북, 스냅챗, 트위터 등 소셜 미디어의 주 수익원인 '맞춤형 광고' 모델이 크게 붕괴되었다. 증권사들은 'FAANG(페이스북·아마존·애플·넷플릭스·구글)이 지고 MAGA(MS·애플·구글·아마존)가 뜬다'는 말을 분석 보고서에 올리기 시작했다. 빅 테크 2군으로 전락한 메타는 최근 메타버스 사업 비중을 줄이는 대신 오픈 소스 기반의 인공지능 사업 비중을 확대하면서 반전을 노리고 있다.

의존하는 사업은 결코 영속할 수 없음을 유념해야 한다. 큰 전쟁을 벌이는 와중인 디지털 제국들은 전황에 따라 수시로 정책을 바꾸며 우리의 비즈니스에는 애써 신경 써주지 않기 때문이다. 소셜 미디어의 '바이럴'에 의존해 비즈니스를 확장한 미디어 기업 바이스Vice 그룹이 파산 신청을 하고 버즈피드Buzzfeed의 자회사 버즈피드 뉴스가 결국 문을 닫은 게 안타까운 반면교사 사례다.

—

이제 초등학교 2학년밖에 안 된 딸이 "살다 살다 이런 건 처음 본다"고 말했다. 나이에 어울리지 않는 표현에 빙그레 웃음을 지었지만, 정보 기술 취재 기자로 살아온 필자가 딱 그 말을 하고 싶은 심정이라고 고백하고 싶다.

2016년 이세돌 프로와 인공지능 알파고가 벌인 세기의 대결을 취재할 때 내 생애 보기 드문 현장이라고 생각했다. 역사의 현장에 있다고 생각하니, 당시엔 아무리 일을 해도 피곤하지 않고 먹은 것이 별로 없어도 전혀 배고프지 않았다.

그런데 불과 수년 만에 인류는 인공지능이 글을 쓰고 그림을 그려주고 작곡까지 하며 코딩까지 짜주는 변곡점 위에 위태롭게 올라와 있다. '살다 살다 처음 보는 풍경'을 매일 마주하고 있으니, 역사적 현장의 일상화라고 해야 할 것이다.

호아킨 피닉스가 주인공 역할을 맡은 영화 〈그녀Her〉(2013년 작품)에서 인공지능 운영체제 사만다는 주인공의 편지 맞춤법을 교정하고 이메일을 확인하고, 일정을 관리하고 함께 컴퓨터게임을 한다. 사만다는 주인공과 교감하는 능력도 갖췄고 함께한 모든 순간을 기억하고 회상하기도 한다. 실제로 그렇게 살게 될 날이 다가오고 있음을 느낀다.

무서운 기술 질주의 종착점이 미래학자 짐 데이터Jim Dator가 말했던 '놀고 기도하며 돌봐주는Play, Pray and Care' 사회일까? 샘 올트먼Sam Altman 오픈AI 설립자 겸 CEO가 말하는 대부분의 사람들은 '보편 기본 소득UBI'으로 살아가는 시대일까? 만약 그렇다면 스토리 시장을 포함한 유희와 놀이, 엔터테인먼트 시장은 또 얼마나 어떻게 커질까. 단기적으로는 월가 헤지펀드 대부 레이 달리오의 주장대로 인공지능이 일자리를 대체하는 과정에서 극심한 혼란이 펼쳐질 수도 있을 것이다.•

• 2023년 9월 월가에서 헤지펀드 대부로 불리는 세계 최대 헤지펀드 브리지워터 어소시에이츠 설립자 레이 달리오가 인공지능 기술 발전을 경고했다. 그는 AI 기술이 일자리를 대체하는 과정에서 주 3일제가 생겨날 수도 있으나 고용 시장에 대규모 혼란이 발생할 것이라고 내다봤다.

—

미국 작가조합의 CEO 메리 라센버거는 인공지능업체 오픈AI를 법원에 제소하면서 "이 도둑질을 막지 못하면 미국의 다른 많은 창작 산업을 뒷받침하는 우리의 놀라운 문학 문화를 파괴하게 될 것"이라고 말했다. 그는 오픈AI가 인공지능을 훈련시키는 데 대량의 소설 작품을 무단으로 활용했다고 주장한다. 이 소송전은 앞으로 인류에게 거대한 질문을 던지게 될 것이다. 인간의 창작 활동이란 무엇인가? 인간성Humanity은 어떻게 보존하고 사수할 것인가?

오프라인 세상의 한국은 주변 4대 강국 사이의 반도에 자리 잡은 좁은 영토의 분단국가지만, 디지털 세상의 한국은 유튜브와 넷플릭스에서 많은 추종자를 거느린 꽤 거대한 국가다. 그런 코리아가 지금 해야 할 일을 꼽으라면 '빅 퀘스천Big Question'을 가슴속 깊이 품고 고민하고 또 고민하는 여정을 마다하지 않는 것이다. 정치, 사회, 경제, 문화 등 모든 방면에서 근본적인 질문을 던져야 한다.

## 감사의 글

이 책은 짧게는 격동의 3년에 관한 분석서지만, 길게는 20년 취재 생활에서 보고 배웠던 내용을 바탕으로 하고 있다. 그렇기에 감사한 분들이 참으로 많다.

부족한 필자한테 가르침과 응원을 아끼지 않았던 전자신문 선후배들, 조선비즈 창간 멤버들, IT조선 후배들, 조선일보 디지털 부문 선후배들, 위클리비즈와 이코노미조선 선후배들에게 고마운 마음을 지면을 빌려 전하고 싶다.

강병준 선배와 함께 쓴 책 『구글 vs 네이버: 검색 대전쟁』은 디지털 세상을 탐구하는 시발점이었다. 세상을 균형 있게 바라보는 법은 유형준 선배한테 배웠고 문보경 후배처럼 문제의식이 투철하고 든든한 친구도 없을 것이다.

디지털 미디어와 저널리즘이 나아가야 할 실천적 고민은 우병현 선배가 없었으면 불가능했을 것이다. 새 경제 매체를 함께 만든 강효상 선배, 전재호 후배, 박성우 후배 등 창간 멤버들과는 감히 전사와 같은 열정을 나눴다고 고백할 수 있다. 김남규 후배, 유진상 후배, 이광영 후배는 결코 작지 않은 배를 움직일 때 큰 힘이 되어주었다.

김종호 선배가 실리콘밸리 특파원을 권유해주셨기에 이 책이 탄생할 수 있었다. 박종세 선배, 박은주 선배, 신영호 선배, 강영수 선배, 안중현 후배, 김현중 후배, 안별 후배 등과 함께 한 지난 3년간의 디지털 드라이브는 결코 잊지 못할 보람 찬 일로 가득하다.

선우정 선배의 오디오 칼럼을 만들며 첫 청취자로서의 감동을 누렸고 송의달 선배의 배려는 현대 스토리 시장 변화에 대한 진지한 탐구로 이어졌다. 안덕기 선배, 김덕한 선배와의 회의 시간은 우리들의 인생 모토처럼 재미도 있고 의미도 있었다.

지난 10년 동안 퀄러티 페이퍼quality paper가 갖춰야 할 중요한 것들은 거의 모두 위클리비즈에서 배웠다. 이광회 선배, 이지훈 선배, 김기훈 선배 등 위클리비즈 에디터들의 헌신에 감사드린다. 이코노미조선에는 오광진 선배, 이창환 후배, 김문관 후배, 박용선 후배, 심민관 후배 등 좋아하는 선후배들이 줄지어 계신다. 메신저 창을 볼 때마다 선물하기 버튼을 누르고 싶다. 이 책의 동반자이자 호모 나랜스의 최후 파수꾼임을 마다하지 않는 김예원 편집장과 김다혜 편집자한테는 동지애와 고마움을 동시에 전한다.

무엇보다 디지털 팀에게 전략적인 지원과 아낌없는 격려를 주셨던 방준오 부사장(방일영 문화재단 이사)과 모바일 조선일보의 기틀을 마련해주신 주용중 대표께 머리 숙여 깊은 감사를 드린다. 이 책을 쓰는 동안 가장 큰 힘이 되었다.

마지막으로,

사랑하는 남편과 사랑하는 딸에게 사랑한다는 말을 전한다.

2023년 가을

류현정 힐다

## 이미지 출처

26 Rederic J. Brown(AFP) 33 Matt McClain(The Washington Post) 47 AP News 59 Wikimedia Commons 61 hbr.org 68 Walt Disney 71 디즈니+ 79 David Paul Morris(Bloomberg) 84 (좌)디즈니 (우)파라마운트 93 유튜브 97 아마존 111 넷플릭스 123 유튜브 131 틱톡 136 유튜브 149 유튜브 157 각 사 159 아마존 169 US News Money 176 쿠팡플레이 183 (위)아마존 프라임 비디오 (아래)유튜브 193 (좌 상단)네이버웹툰 (우 상단)JTBC (좌 하단)카카오페이지 (우 하단)디즈니+ 199 카카오페이지 203 네이버웹툰 205 리디 226 유튜브 235 (상단)텀블벅 (하단)네이버 245 플루토TV 247 LG전자 250 로쿠 257 로쿠 261 LG전자 273 유튜브 288 EFE 293 (좌)학산문화사 (우)네이버웹툰 301 NMA

※ 크레딧 표시가 없는 이미지는 셔터스톡 제공 사진입니다.

※ 일부 저작권 확인이 되지 않은 이미지에 대해서는 저작권을 확인하는 대로 통상의 비용을 지불하겠습니다.

# 스토리테크 전쟁

**초판 1쇄 발행** 2023년 12월 4일

**지은이** 류현정

**발행인** 이재진 **단행본사업본부장** 신동해
**편집장** 김예원 **책임편집** 김다혜
**디자인** studio forb **교정** 이정현
**마케팅** 최혜진 이은미 **홍보** 송임선 **제작** 정석훈

**브랜드** 리더스북
**주소** 경기도 파주시 회동길 20
**문의전화** 031-956-7357(편집) 02-3670-1123(마케팅)
**홈페이지** www.wjbooks.co.kr
**인스타그램** www.instagram.com/woongjin_readers
**페이스북** www.facebook.com/woongjinreaders
**블로그** blog.naver.com/wj_booking

**발행처** (주)웅진씽크빅
**출판신고** 1980년 3월 29일 제406-2007-000046호



ISBN 978-89-01-27717-2 03320

* 이 책은 방일영문화재단의 지원을 받아 저술·출판되었습니다.